讲给孩子听的

# 中国历史故事

益博轩 ◎ 编著

辽西夏金元·公元916年—公元1368年

北京联合出版公司
Beijing United Publishing Co.,Ltd.

# 目 录

## 公元916年—公元1368年

# 辽

公元916年—公元1125年

# 契丹族的崛起

在中国的北方，有一支像狼一样的部落，我们的历史称之为契丹。

## 契丹族的形成

契丹族是我国北方很古老的少数民族之一，原来属于东胡族系，起源则是东胡的一个支系：鲜卑。而鲜卑中又有一个宇文部，契丹就是这个宇文部的分支之一。

契丹这个名称最早在我国史书中出现是在公元四世纪的北魏时期。在当时分布在辽水流域以北的潢河（今西拉木伦河）与土河（今老哈河）一带，过着渔猎畜牧的氏族部落生活，以逐水草游牧为主。

在北魏后期，契丹形成了八部，八部之间互不管辖，也没有什么联系。各部独立地和北魏政府保持着朝贡关系。

契丹还猎图

到了隋朝，由于突厥势力扩张，对各部族征伐不止，契丹各部为防备突厥，开始互相联系，互相支援，后来形成了初期较为松散的部落联盟。

## 部落发展

到了唐初，契丹就形成了以大贺氏为首的部落联盟。其体制是在八部酋长中共同选举一人为首领，或者叫盟主。任期三年，到期改选，但大贺氏的人有世选的特权，这时的首领已经有了管理权力。契丹首领后来率部归入唐朝，唐太宗授予旗鼓，以表示对首领权威的承认。唐朝又在契丹地区设置了行政机构，即松漠都督府，任命其首领为都督。

🐉 契丹人引马图

唐玄宗时期，大贺氏部落联盟瓦解之后，重建了遥辇氏部落联盟，在被回纥统治一段时期后，又趁回纥内乱之机重新归附唐朝，而唐朝后期的衰落又给契丹的独立发展提供了良机。

遥辇氏联盟后期，由于唐朝末年的中原混战，使得北方汉族人纷纷逃入契丹地区，躲避战乱。汉族的先进生产方式及其他技术对契丹的经济发展起到了促进作用。而在契丹八部中迭剌部又离中原较近，所以发展最快，势力超过了其他七部。

迭剌部的夷离堇（即部落的酋长或联盟的军事首长）一直由耶律氏家族世袭担任，这个家族从阿保机的八世祖耶律雅里重新整顿契丹部落联盟，担任夷离堇之后，就进入了契丹社会的上层，而且从七世祖开始就掌握了联盟的军权，地位仅次于联盟首领。到了阿保机的祖父匀德实担任迭剌部的夷离堇时，本部落已有了发达的牧业和农业，势力强大，社会的发展也很快，开始由氏族制度向阶级社会的国家过渡。

# 少年英雄耶律阿保机

辽太祖耶律阿保机，汉名为亿，他被称为迭剌部耶律氏家族的英雄。

## ❀ 少年勇将

阿保机对于契丹民族的发展起到了极其重要的作用，被视为契丹族的英雄。他以超群的谋略和卓越的政治军事才能，完成了中国北方地区的统一，为北方少数民族的发展作出了重大贡献。

在他出生时，契丹的贵族阶层正在为争夺联盟首领之位而打得不可开交。阿保机的祖父匀德实在残酷的政治斗争中被杀，父亲和叔叔伯伯们也逃离出去，躲了起来。祖母对于这时出生的阿保机非常喜爱，但又担心他被仇人加害。因此常将他藏在别处的帐内，不让他见外人。

阿保机长大成人后，身体魁梧健壮，胸怀大志，而且武功高强。《辽史》上说他"身长九尺，丰上锐下，目光射人，关弓三百斤"，他带领侍卫亲军曾多次立下战功，显露出过人的才干。

🐾 契丹王子骑射图

## ❀ 积蓄实力

在遥辇氏联盟后期，阿保机被推为迭剌部的夷离堇时，遥辇氏的最后一个可汗痕德堇也同时成为联盟的可汗。这时的阿保机只有30岁，手中掌握了联盟的军事大权，专门负责四处征战。这又为阿保机建立军功、树立威信和权威创造了有利条件。他充分利用本部落的实力四处征伐，接连攻破室韦和奚人等部落，同时南下进攻掠夺汉族聚居地区，俘获一些汉人和大量的牲

辽中京遗址

畜和粮食，使本部落的实力大增。

阿保机的伯父被杀后，阿保机继承了伯父的于越（地位仅次于可汗，史称"总知军国事"，高于夷离堇，掌握联盟的军事和行政事务，相当于中原王朝的宰相）职位，独掌部落联盟的军政大权。阿保机还进一步向中原地区扩充势力，和河东的李克用缔结盟约。到朱温灭唐建立后梁的那一年，阿保机也取代了遥辇氏，当上了联盟的可汗。阿保机还注意重用一些汉人，尤其是汉人中的知识分子帮助他建立了各种政治文化制度，更进一步促进了迭剌部的发展，为阿保机以后称帝建立辽国奠定了坚实的基础。

## ◎ 疯狂扩张

阿保机虽然已经是部落联盟的可汗，但是，按照传统制度，可汗之位要三年改选一次。由于汉人谋士经常说，中原的帝王从来不改选，这使阿保机不再愿意遵从旧的制度，所以从他就任可汗之日起，阿保机就把目标瞄准了在契丹建立帝制。为此，他主要做了两方面的工作：一是对内加强权力控制，二是对外进行扩张，进一步增强本部落的实力，树立更大的权威。

在对内方面，阿保机首先建立了自己的侍卫亲军，即"腹心部"，从武力方面保护自己的权力，并派亲信族兄弟耶律曷鲁、妻族的萧敌鲁等人任侍卫亲军的首领。其次，为使自己取代遥辇氏做可汗的事实合法化，阿保机让本族成为第十帐，位于遥辇氏可汗族人之后。阿保机还设立了专门管理皇族事务的宗正官，即惕隐，以稳定家族的内部团结。除了重用本族人之外，阿保机还重用妻子述律氏家族的人，对他的地位稳固起了很大作用。

为取得更多的财富，扩张势力，树立权威，阿保机积极地四处征讨。他连续出兵，先后征服了吐谷浑、室韦、乌古等部落，而且向南边的幽州和东边的辽东进攻。当上可汗的第二年，他率领四十万军队大举南下，越过长城，掠夺河东等地，攻下九郡，俘获汉人九万五千多人，还有无数的牛马牲畜。然后他又出兵讨伐女真，俘其三百户。

阿保机还曾领兵七万与李克用在云州（今山西大同）会盟，和李克用互换战袍和战马，并互赠马匹、金缯等物，结为兄弟，约好一同进攻幽州的刘仁恭。随后，阿保机又在讨伐刘仁恭时攻陷数州，尽掠其民而归。这些通过战争掠夺来的财物，被视为阿保机耶律家族的财产，因而其家族的经济实力大大超过了其他家族。

## 契丹之王

阿保机掠夺来的这些人中包括一些汉族的知识分子，他们当中的代表如韩延徽、卢文进、韩知古等对于阿保机的政权巩固，特别是对于他称帝建立契丹国起了重要的作用。同时，他们还帮助阿保机建立了各种政治制度，教他如何利用汉人从事生产，促进经济的发展。

中原帝王的世袭制度对阿保机吸引力很大，再加上在对外战争的过程中，阿保机又升为于越，兼夷离堇，权势仅次于可汗。到朱温灭唐的这一年，阿保机终于取代了痕德堇，离他称帝建国只有一步之遥了。

各部落对于痕德堇非常不满，他平庸无能，治理无方，马被饿死，领兵出征经常失利，满足不了贵族们征战掠夺财富的欲望。而阿保机相比之下，就要强很多了。于是，阿保机利用这个大好时机，遵照合法的传统制度举行可汗的改选仪式，终于凭借自己的威望得到了可汗的宝座。此后，他继续四处出兵，使契丹的领土扩张到现在中国北方长城以北的大部地区。

极富表现力的庆华寺花塔

# 天皇帝

阿保机不会满足眼前的小利益，他的野心是要当上契丹的天皇帝。

## ⊛ "诸弟之乱"

阿保机的目标是像中原的皇帝一样建立终身制和世袭制，所以在他任可汗满三年时不肯交出大权，凭借他的实力和威望继续坐在可汗的宝座上，向皇帝的目标努力。这就引起了本家族其他贵族的不满，因为按照习惯，可汗实行的是家族世选制，即可汗之位转入耶律氏后，可汗就都要由这个家族成年人担任，所以阿保机不让位，其他人便没有机会当选。

为了争取这个被选举权，阿保机本家族的兄弟们便首先起来反对他，由此发生了历史上的"诸弟之乱"。

兄弟们的叛乱一共有三次。第一次在公元911年，这年的五月，刺葛、迭刺、寅底石、安端策划谋反，安端的妻子得知后就报告了阿保机。阿保机不忍心杀掉这些兄弟，就和他们登山杀牲对天盟誓，然后赦免了他们。兄弟们并没有领情，第二年，又在于越辖底的带领下，再次反叛。除了原来的几个人外，新任命的惕隐滑哥也参加了。

这年的七月，阿保机征伐术不姑部，让刺葛领兵攻打平州（今河北卢龙）。到十月时，刺葛攻陷了平州，领兵阻挡阿保机的归路，想强迫他参加可汗的改选大会。阿保机没有硬拼，而是领兵南下，按照传统习惯赶在他们的前面举行了烧柴告天的仪式，即"燔柴礼"，再次任可汗。这样就证明他已经合法地连选连任，使众兄弟没有了反叛的根据。阿保机兵不血刃地平息了一场叛乱，体现了他超群的智谋。在第二天，诸兄弟便纷纷派人来向阿保机请罪，阿保机也就不再追究，只下令让他们悔过自新。

但是，可汗宝座的诱惑终究比兄弟之情要大很多，兄弟们在不到半年之后，于公元913年的3月，又一次反叛。这次发生了较大的武装冲突。他们先商议好拥立刺葛为新可汗，然后派迭刺和安端假装去朝见阿保机，想伺机劫持阿保机去参加他们已经准备好的可汗改选大会。除了本部落外，乙室部落的贵族也参加进来。阿保机发觉了他们的阴谋，解决了迭剌和安端，并收编了他们的1000名骑兵，然后亲自率领部队追剿剌葛。剌葛派的另一支部队在寅底石的率领下直扑阿保机的行宫，焚毁了辎重、庐帐，还夺走了可汗权力的象征——旗鼓和祖先的神帐。阿保机的妻子看守大帐，领兵拼死抵抗，等到援军来后又派人追赶，但仅追回旗鼓。

## 平定内乱

4月，阿保机领兵北上追击剌葛，他先派人分别在前面埋伏堵截，前后夹攻。这一次，侍卫亲军发挥了重要作用，最终将剌葛打败，剌葛将夺去的神帐丢在了路上。阿保机没有立即追击，而是先休整部队，因为他知道剌葛的部下不久便会思念家乡，等到士气低落无心恋战时再出兵，就会不战而胜。到5月，阿保机领兵进击，终于擒获剌葛。经过三次平叛，阿保机基本消灭了本家族的反对势力，但对部落的经济却造成了很大的破坏。民间原有上万匹马，现在百姓出门都要步行了。

本部落的反对势力消除后，契丹其他七个部落的反对势力仍旧存在，他们以恢复旧的可汗选举制度为旗号，强迫阿保机退让可汗之位。阿保机只好先交出旗鼓，答应退位，然后以退为进，设下了计谋。他对众人说："我在可汗之位九年，下属有很多汉人，我想自己领一部治理汉城，可以吗？"众人都同意了。到了那里，阿保机率领汉人耕种，当地有盐铁，经济也很发达，阿保机采纳了妻子述律后的计策，派人转告诸部落的首领："我有盐池，经常供给各部落，但大家只知道吃盐方便，却不知盐池也有主人，你们应该来犒劳我和部下。"众人觉得有理，便带着牛和酒来了，没想到中了阿保机的诡计。阿保机布下伏兵，等大家喝得烂醉时，将各部落的首领全部杀死。

## 正式称帝

内外的反对势力除掉之后，阿保机就在公元916年称帝，正式建国，国号契丹，建元神册。契丹的国号有过几次变动：公元947年改成辽，公元983年又改为大契丹，公元1066年改成大辽，此后不再改号，直到公元1125年被金所灭。有的书中为避免混乱，就通称为辽。阿保机称天皇帝，妻子述律氏称地皇后，立长子耶律倍为太子。

称帝之后，阿保机继续扩张领土，这时漠北的游牧部落和契丹比起来势力都很小。东边的渤海和高丽也已经衰落。这种形势对阿保机开疆拓土非常有利，阿保机想建立一个南到黄河、北至漠北的北方大国。为此，他首先南下，但两次都以失败而告终。

## 两下中原

阿保机极想征服黄河以北地区，而这时北方的军阀们也想利用强大的契丹为自己捞取好处，这为阿保机进兵中原创造了良机。新州（今河北涿鹿）将领卢文进不满李存勖征兵本部用于进攻后梁，举兵投降契丹。

阿保机就领兵对中原发动了第一次战争，和卢文进一起攻打新州和幽州，最后击败周德威，并将幽州城围攻了将近二百天。后来，晋军李嗣源的援兵到达，阿保机被迫撤兵，并让卢文进常守平州，守住契丹南下的一个重要通道。不久，镇州防御使张文礼杀死节度使王镕，向阿保机求救，一同对付李存勖。

阿保机第二次南下中原，攻陷涿州后进兵围困定州，和李存勖在沙河及望都（今河北望都）一带交战，这一次阿保机损失惨重，当时正赶上少见的大雪，下了十来天，地上的雪厚达数尺，契丹兵马粮草奇缺，伤亡很大，阿保机只好撤兵。契丹兵出征都是自己准备粮食和草料，战时让随军的后勤人员四处掠夺供应，所以一旦中原兵围困他们或者打持久战，契丹兵就很难坚持了。

## 东讨西征

两次南下都损兵折将，无功而回，阿保机便及时调整了战略方向，改向西北和东北。打算先征服北方的游牧部落，攻下东北的渤海国，消除两侧的威胁之后再向南用兵，夺取河东及河北地区。阿保机召开军事大会，部署新的作战计划。然后亲自征讨党项、阻卜等部落，向北到达了乌孤山（今肯特山），还曾抓获回鹘都督毕离堇，回鹘乌主可汗只得派使臣纳贡谢罪，阿保机的势力最西到达了今阿尔泰山一

契丹开国贤臣

带，国土面积大大扩展了。

为向东发展势力，阿保机又东征渤海国。渤海是东北地区的一个区域性的民族政权，政治和文化都在北方各民族之上，素有"海东盛国"之称，但当时的国力已经下降。阿保机集中全部兵力攻下了渤海国的西部重镇扶余城（今吉林农安），然后又围攻首都忽汗城（今黑龙江宁安市渤海镇）。渤海国国王率领几百名大臣开城投降，不久阿保机统一渤海全境，将渤海改为东丹国，意即东契丹国。

阿保机让皇太子耶律倍任东丹王，管理东丹事务，这样，就将势力扩大到了渤海沿岸。

同时，阿保机又在黑龙江和乌苏里江流域广置官府，实施实际管理，从而结束了唐末以来东北地区的分裂局面，重新实现了统一。这对当地经济和文化的发展，促进各族人民的交流都有极其重要的作用。

但在回师途中，阿保机却病死于扶余城，终年55岁，谥号升天皇帝，庙号辽太祖。

再现战争场面的铜钟

# 辽国的断腕太后

打击异己大臣，最后自己也被迫搭进去一只手的述律后，历史上称她为断腕太后。

## 🏵 亲上亲

阿保机称帝时封述律后为应天大明地皇后。到辽太宗时又尊为应天皇太后，死于辽穆宗应历三年（公元953年），终年75岁。述律氏家族本来起源于回鹘，述律后的曾祖魏宁做过舍利，即一种对契丹贵族中勇猛但没有官职的子弟设的称号，祖父是慎思，做过皇家总管梅里，父亲月碗也做过梅里。他和阿保机的姑姑结婚，生下断腕太后月理朵。在当时的契丹社会中，和中国古代社会汉族人一样盛行姑表通婚方式，这种方式进一步拉近了亲属关系。

长大之后，她便和舅舅撒剌的儿子阿保机结了婚。她对于阿保机的事业所起的作用是相当大的，她本人就非常有智谋，而且能领兵作战。在阿保机遇事时常能帮他果断应变，处理大事。在民间传说中也有关于她的故事：有一次，她见到了地神站在潢水和土河的交汇处，但一看见她，地神却赶忙躲开了，为此还有一句童谣："青牛妪，曾避路。"神话故事和童谣传开以后，月理朵便成了地神的化身，这使她在当时信仰神灵的契丹社会中更充满了神秘感，无形中增加了她的个人威信。

## 🏵 夫唱妇随

对于阿保机的事业，述律后倾注了全部精力。其中之一就是为阿保机尽力发现保举人才，汉人韩延徽就是一个很突出的例子。正是由于她的极力推荐，才使阿保机有了一个很得力的谋士、助手。

在阿保机领兵四处征讨的时候，述律后主持后方的工作，坚守大本营，使阿保机在前线能集中精力，不致分心。在诸弟叛乱的过程中她也起了关键性的作用，正是她派兵追击攻打大帐掠走神帐和旗鼓的叛军，并夺回了象征可汗权力的旗鼓。在她的影响下，她的族兄弟们也大力支持阿保机，她的兄长敌鲁和弟弟阿古只等一些人对阿保机全力支持，在阿保机对其他人的政治斗争中起了不可估量的作用。因为佐助有功，阿保机也提高了妻子述律家族的地位和权力。阿保机妻族的地位仅次于皇族。

等到阿保机终于战胜所有的对手顺利登上皇位时，月理朵也自然地当上了皇后。为了扩充疆土，阿保机又积极地四处用兵，后方的事务也就落到了能干的述律后的身上。为进一步巩固后方，看守大本营，述律后征得阿保机的同意，建立了直接归自己统辖的宫廷卫队。她确实有些先见之明，在阿保机又一次出兵走了之后，室韦部落的黄头和臭泊两个家族便想趁机偷袭，述律后得知后，派兵埋伏等候，等他们到了之后，领兵大破室韦人，这一仗使述律后名声大振。

## 女中诸葛

除了实际作战外，述律后对于阿保机的一些重要的战争计划也经常参与谋划，还曾阻止了阿保机的一次毫无意义的出征。这一年，南方的吴国向契丹进献了一种猛火油，说是遇到水后，火不但不会灭，反而会烧得更旺。阿保机一听动了心，马上就想领兵去攻打幽州城，试一试这种猛火油的威力。述律后得知后，赶忙去阻止，她并没有单纯地阻止，而是有策略地提出了骚扰幽州的战略。她说："我们用三千骑兵埋伏在幽州一侧，然后再掠其四野，这样就使城中粮食没有了来源，不用几年，幽州便守不住了。如果我们冒险地用兵，万一不能速胜，不但会被中原的人耻笑，而且我们部落内部也有解体的可能。"阿保机开始并没有把她的话放在心上，但不再一时冲动想去打幽州了。

以后阿保机曾在神册二年（公元917年）和神册六年（公元921年）两次南下对中原用兵，但都以失败而告终。这时，阿保机才认识到妻子述律后骚扰幽州这种策略的正确性。实施之后，取得了很好的效果。述律后的谋略在阿保机出兵渤海时

采芝图

也得到了充分的体现。

在军事方面述律后很有才干，但是在治国方面她还是非常守旧的。对于经济，她更是轻视农业，不赞成在草原地区开垦土地供汉人耕种居住。对于阿保机死后继承人的选择，她更表现出了自己的偏心，结果自己也被幽禁起来，直到死去。

## ◎ 偏心埋祸端

阿保机东讨西征的时候，述律后跟随阿保机一起出征，征讨东面的渤海国。渤海国被攻下后，阿保机建立了东丹国，任命长子耶律倍为东丹王，自己返回途中死于扶余城，接着，述律后听政，暂时掌握军政大权。等阿保机安葬之后，她主持了契丹贵族参加的推荐继承人的大会，按照自己的意愿选择了耶律德光。

矛与鸣镝

当初阿保机曾立长子耶律倍为太子，这说明阿保机是想让他继承皇位的，这也符合中原王朝嫡长子继承制的做法。但在灭渤海国后，却册封耶律倍为人皇王管理渤海地区。这大概是述律后影响的结果，让耶律倍留在东边，而让自己比较喜欢的次子耶律德光继位，最后将耶律倍逼得只好逃奔后唐，耶律倍后来也被将要自焚的李从珂派人杀死。

从阿保机死后到新君主选出，这段时间按照游牧民族的传统习惯，要由皇后主持政务，继承人也要由皇后主持召开大会选举产生。因此阿保机死后，皇后的权威就很大了，她的意见往往会起到决定性的作用。

事实上也正是如此。阿保机在世时曾对三个儿子做了一次有意的测试，让他们一起去砍柴，看谁先回来。次子耶律德光最先回来，他砍了一些就马上往回走，根本没有选择柴的好坏。耶律倍选择了一些干柴砍下，然后又捆成一束带回来。老三砍了很多，但又扔掉了不少，回来后，袖手而立，有些惭愧的样子。

以后的事实说明这次测验的结果还是非常准确的：耶律倍仁义但没有大的谋略，

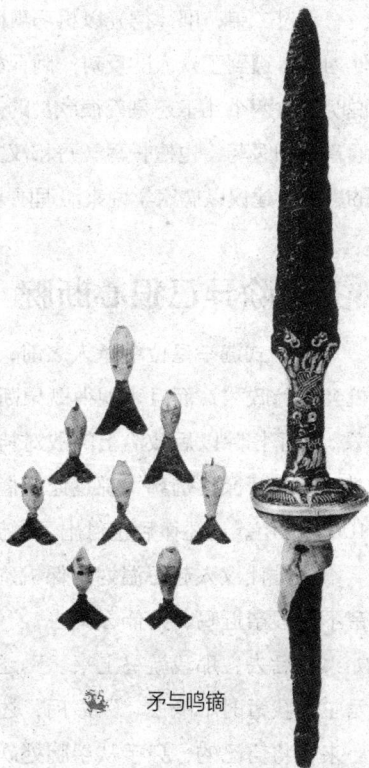

没有斗过二弟，耶律德光以机巧巩固了帝位，老三李胡则残暴不得人心，述律后想立他为帝，遭到了众人的反对。阿保机针对这次测验说："长巧而次成，少不及也。"说明他对两个儿子还是都很欣赏的。但耶律倍不会讨母亲喜欢，他虽然才学过人，精通音律和医药，也擅长写契丹和汉文章，但他的母亲述律后不喜欢，尤其他推崇孔子的思想，建议以儒家学说来治理国家，更使守旧的母亲更倾向于二弟。

## 🐉 为除异己狠心断腕

在正式选举皇位继承人之前，述律后就未雨绸缪，充分利用主持阿保机葬礼的机会清除政敌，而且表现得既果断又狠毒。因为大臣当中支持长子和次子的都有很多，为了扫除以后政治上的敌对势力，她以传统的殉葬制度为借口，让一些和她作对的人为阿保机殉葬，说是让他们为她传话给阿保机。单这一个借口就总共杀掉了100名大臣。但述律后也付出了代价，失掉了一只手。

在她让汉人赵思温为阿保机殉葬时，赵思温不听。述律后就责问他："你和先帝不是很亲近吗，为什么不去？"赵思温反驳道："和先帝亲近谁也比不上皇后，如果皇后去，那我就马上来。"述律后狡辩说："几个儿子还年幼，现在国家没有君主，我暂时不能去。"最后，述律后为了除掉赵思温这个难对付的大臣，竟狠下心来，将自己的一只手从手腕处砍断，这就是历史上有名的"太后断腕"的故事。但《辽史》中却说她"欲以身殉，亲戚百官力谏，因断右腕纳于椟。"这就有点站在她一方说话了，其实，史书上这种情况是非常多的，不仅是在提到皇帝和皇后时说一些偏向的话，而且一些神奇的现象也是尽量往他们头上附会。出身贫贱的人如果日后当了皇帝，就千方百计地找古代的名门为祖先，有的竟将古代的一些奸臣拉过来当祖宗，结果闹出了笑话。

## 🐉 权倾一时

阿保机死后，述律后的权势并没有减弱，反而有所加强，一来她是太后，而且耶律德光又是由于她的坚持才得以继位当上了皇帝。还有她自己由于那个地神见了也躲避的传说而具有的神秘色彩，使得一般人不敢对她有所不敬。

耶律德光对于母亲也是非常孝敬的，母亲得病不吃饭的时候，他也守在一旁不吃饭。耶律德光对母亲还有一些敬畏，在母亲面前有时说话让述律后不高兴时，述律后便扬眉怒视他，耶律德光就吓得赶忙退出来，如果母亲不召他进去，便不敢再去见述律后。耶律德光的智勇与谋略大概继承了他母亲很多，也许是从小被母亲管教较严，所以成人之后依然对母亲有所敬畏。在另一方面，述律后在阿保机在世时的威望也使她自然有了一定的权威。而且，在游牧部落中，传统的习俗对于妇女参政没有中原那么多的限制。在阿保机死后，由述律后来主持军国大事，这本身就说明与汉族王朝任命顾命大臣的惯例有很大的区别。客观方面则是述律家族本身的势力也很大，就连耶律德光的皇后都是述律族的人，而且是述律后弟弟的女儿，本来述律家族在阿保机在世的时候地位和权势就仅次于皇族，阿保机死后，有了太后撑腰，述律家族权势更重，反过来又对述律后的权势是个保障。

## 🏵 反对南征

因为述律后重视牧业而轻视农业，所以她对于向中原用兵不太热心，只希望在草原地区建立稳固的统治。在阿保机又一次出兵幽州时，她反对说："我们有这么广阔的地方，羊马无数，在这里享受无人可比，又何必兴师动众地远征得那么点利益呢！我听说晋王用兵天下无敌，假如出兵作战不利，后悔就来不及了，到时又有谁去相救呢？"因此，她的策略就是用少量骑兵骚扰，然后掠夺一些财物和人口就达到目的了。

耶律德光继位之后，也继承了父亲念念不忘用兵中原，扩疆土至黄河以北的志向，屡次南下，但述律后总是拦阻，就是耶律德光在接到石敬瑭的书信准备南下时，述律后仍然不愿让他出征，虽然这次把握很大。述律后对儿子说："我儿将行，记住我一句话，如果有人乘虚引兵北上攻打我们，你就赶快回来，不要再去救太原了。"作为母亲，述律后对于这个比较宠爱的儿子也是很担心的。后来，耶律

🏵 山弈候约图

德光在灭晋回兵时病死在栾城。耶律德光的灵柩运回上京时，太后没有哭，也没有立即发丧，说是要等到各部落安定没有发生变乱时再行丧礼。

## ✦ 悲剧收场

在耶律德光死后，述律后还是想按照自己的意愿让三儿子李胡继位称帝，但这个老三为人极为残忍，没有什么威望。以前述律后因为偏袒耶律德光不让耶律倍继位，得罪了一大批人，而且也杀掉了很多大臣，到这时，被杀大臣的儿子们也已经成人，这些人联合起来，共同对述律后发动攻击。

他们在南院大王耶律吼和北院大王耶律洼以及直宿卫耶律安抟等人的率领下，拥立东丹王耶律倍的儿子耶律阮称帝。述律后接到他们的报告异常恼怒："我儿南征东讨，功业卓著，当立者应该是在我身边的孙子，你父弃我而奔后唐，是大逆不道之人，怎么能立这种人的儿子为帝呢？"

于是派儿子李胡领兵阻击，和耶律阮隔潢水对峙，大有决战之势。但与李胡同行的后晋降将李彦韬却投靠了耶律阮，结果李胡败退而回。大臣耶律屋质趁机劝说述律后罢兵言和，述律后见无力左右局势，只好承认了既成事实。但内心里仍留恋昔日的权势，所以又寻机暗中谋划废耶律阮立李胡为帝。最后事泄被幽禁到阿保机的陵墓旁，直到死去。

🌸 光亮莹润的温碗注子

# 辽主的一颗"心"

耶律曷鲁是辽太祖耶律阿保机的族兄弟，在阿保机的功臣中位列第一，被尊称为"心"。

## 屡建奇功

耶律曷鲁（公元872年—公元918年），字控温，又字洪稳，和阿保机同岁，两人自幼便形影不离，交情极好，是为数很少的挚友。耶律曷鲁的父亲偶思临死前将耶律曷鲁叫到床边，说："阿保机有天赐的神勇大略，你要带领众兄弟好好跟他做事。"等阿保机来看望耶律曷鲁的父亲时，他拉住阿保机的手说："你是盖世奇才，我的儿子耶律曷鲁交给你了，他还算是个人才，日后如果能跟从你建功立业，我也就含笑九泉了。"阿保机含泪答应了。

后来阿保机果然对耶律曷鲁很器重，军机大事都向他请教。耶律曷鲁不但有谋略，也很有军事指挥才能，他曾经率领几名骑兵说服小黄室韦部落来归附，壮大了自己部落的力量，在对外征战乌古等部落时，耶律曷鲁屡建战功。此外，耶律曷鲁还善于外交辞令。公元901年，阿保机当时是迭剌部的夷离堇，领兵征讨奚部，久攻不下，阿保机很是着急，于是派耶律曷鲁带箭前去劝降对方。到了之后却被抓了起来，耶律曷鲁毫不畏惧，对首领劝道："契丹和你们奚人的语言相同，实际如同一个国家，我们对你们怎么会有凌辱欺侮之心呢？汉人杀了你们的首领，我们的首领夷离堇也很痛恨汉人，日夜不忘为你们复仇。但又担心势力单薄，无法取胜，这才派我来你们这里求援，怕你们不信，才让我带箭来。我们的夷离堇受命于天，以恩德领导百姓，所以能有今天的强大势

辽上京遗址

力。如果你们今天杀了我，便违背了天意，那将有大祸临头了。刀兵相向，战火连绵，对你们又有什么好处呢？"

奚部首领听了，相信了耶律曷鲁的话，率众归顺了阿保机。

## 拥护阿保机

公元903年，契丹族的于越被反对派杀死，阿保机的处境也很危险，耶律曷鲁便不离左右地保护他，以防意外。后来，阿保机做了于越，独揽军政权力。阿保机想让耶律曷鲁做迭剌部的夷离堇，耶律曷鲁谢绝了。他想留在阿保机身边继续做他的侍卫。公元907年，痕德堇可汗病故，阿保机的部下们都一致推举他做联盟的可汗，耶律曷鲁便是这些人的中坚，最为积极。为了使阿保机能达到目的，他想尽各种办法，如人心、天意、祖宗等方面，都找充足的理由说服阿保机付诸行动，阿保机终于如愿以偿。

阿保机做了可汗，又开始向帝制迈进。这个过程中，耶律曷鲁又起了决定性的作用。在阿保机的势力扩大、部落逐渐强盛时，阿保机为了加强自己心腹力量，

辽佛画

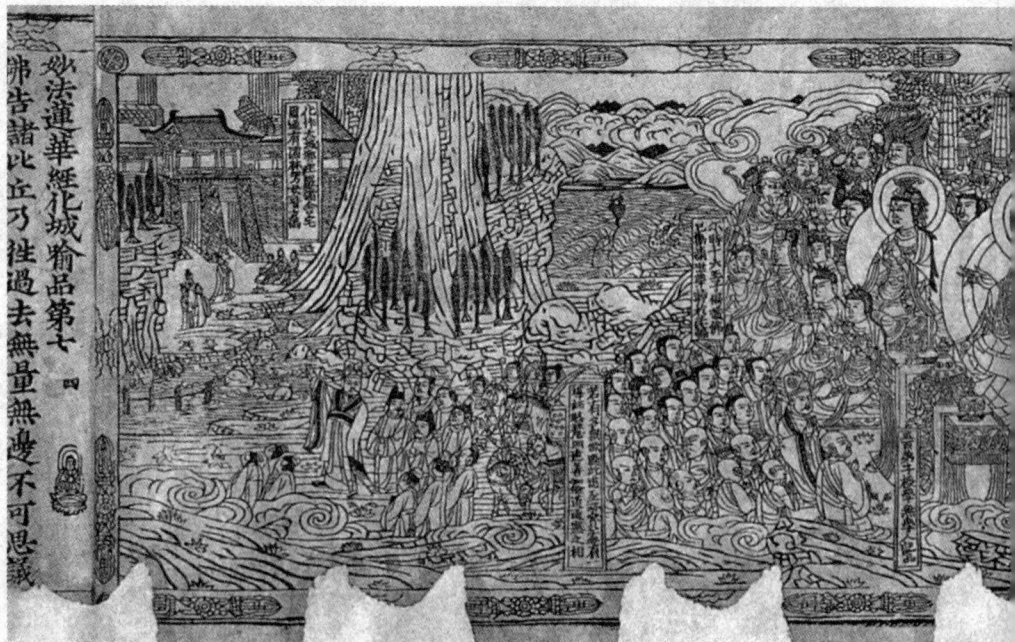

组织了属于他个人私有的军队，即腹心部，共有两千人，腹心部的统帅便是他极为信任的耶律曷鲁。从公元911年到公元913年，阿保机的兄弟们为了权位，和他之间发生了几次战争。耶律曷鲁和其他人一道竭尽全力来支持阿保机，为阿保机战胜兄弟们立下了汗马功劳。

阿保机在和兄弟们的争斗过程中认识到迭刺部的关键作用，这也是他以后称帝的最大障碍。为了充分地控制迭刺部，阿保机便让耶律曷鲁去做迭刺部的首领，耶律曷鲁很痛快地答应了，没有像以前那样拒绝，因为他和阿保机一样，也认识到了迭刺部的重要作用。

公元916年，耶律曷鲁认为阿保机称帝的时机已经完全成熟了，于是，联合其他人劝说阿保机称帝建国。阿保机称帝后，封给耶律曷鲁于越之职，尊号"阿鲁敦于越"，即盛名的于越，在当时有这种称号的只有他一个人。

金盖鸟形玻璃瓶

契丹建国后，耶律曷鲁知道政权巩固的关键仍然是迭刺部，在辅佐阿保机的过程中他一直在考虑这个问题，建议阿保机将迭刺部分成两个，削弱其力量。在耶律曷鲁病重时，还不忘向前来探望他的阿保机说及此事，在他死后不久，阿保机便采纳了他的意见，将迭刺部分成了五院和六院。

## 兄弟去世

在阿保机四处征战和称帝建国的过程中，耶律曷鲁的作用是很难有其他人可以代替的，他是阿保机的重臣和忠臣，但在阿保机建成都城宴请群臣时，47岁的他却不幸病故。阿保机听到噩耗，伤心地说："他如果能再辅佐我三五年，我还能有更大的建树。"耶律曷鲁下葬后，阿保机又给他的墓赐名"宴答"，意思是盟友，或者义兄弟。

《辽史》对整个辽代的功臣做过统计和比较，说得到于越这种极高荣誉的只有三人，即耶律曷鲁、耶律屋质和耶律仁先，而耶律曷鲁是第一个。

# 心向中原的辽太宗

辽太宗即耶律德光，他是耶律阿保机的次子，在位期间使本民族在各方面都有了发展。

## ◎ 母亲支持即帝位

耶律德光在20岁的时候就做天下兵马大元帅，阿保机对他寄希望很大，在阿保机的三个儿子当中，他和长子耶律倍都很受阿保机的喜爱，但耶律德光更像他的父亲，在阿保机到各处征战的时候，耶律德光都跟着出征，因此立功甚多，一直到后来平定渤海国，都有所建树。所以同样有勇有谋的母亲述律后才对他另眼相看，在继承皇位的问题上全力支持他，反对喜欢汉族文化的长子耶律倍继位。

阿保机死后，述律后主持了推选新皇帝的仪式，在主政的耶律后的建议下，众多大臣也赞成耶律德光继位，于是，耶律德光举行了契丹传统的燔柴礼，正式继位为契丹新皇帝。后来南下中原灭掉后晋，但他自己也在回军途中死在了栾城，死后，他的庙号为太宗，谥号为孝武皇帝，历史上一般通称他为辽太宗。耶律德光对于契丹的贡献很大，尤其在他继位之后，在许多方面促进了契丹政治和经济的发展。在政治方面他完善了从阿保机开始的管制，使之系统化。他还使契丹的领土继续扩大，使契丹走向了强盛时期。他在位期间，契丹的农业也有了较大的发展。

此外，契丹的本民族文化也发展到了一个很高的水平。

## ◎ 处心积虑保皇位

耶律德光在继位之初，就花了大量的精力来巩固他的帝位。因为他是在母亲的支持下才得以继位的，而有些大臣却不太支持他，特别是他的哥哥耶律倍更是不服，因为阿保机当初是将耶律倍立为太子的。所以耶律德光一直将哥哥当成他最大的政敌，采取了一系列的措施来巩固自己的帝位，直到耶律倍逃到了后唐。

首先，辽太宗耶律德光加强了对军队的控制。他经常检阅侍卫亲兵、各部族及各帐军队，以此来充分控制军权，防止异己势力在其中渗透，从而在根本上巩固自己的权势。

其次，对于耶律倍管辖的渤海国辽太宗也严加防范，为了削弱渤海国的力量，他趁耶律倍离开属地到京城的有利时机，将渤海国大量的居民迁移到其他地方，然后将其政治中心也迁移走，渤海国土地面积大大缩小了，而政治中心迁到离契丹很近的地方利于监视控制。

为进一步防范哥哥，辽太宗又两次去耶律倍的府上，表面上做出兄弟和好的样子，实际上是进一步了解情况。在耶律倍住在京城的时候辽太宗又趁机去渤海国，也是为了拉拢耶律倍的属下，为他充当耳目，对付耶律倍。等耶律倍和他的属下们要回渤海国时，辽太宗又抓住时机把他的属下们召进宫里设宴招待，其实也是为了进一步拉拢他们，分化耶律倍的力量。不久，在母亲的支持下，辽太宗又使出狠命的一招，将弟弟李胡立为皇太弟，作为皇位的继承人。耶律倍在弟弟的一次次明里暗里的进攻下，终于无法再忍受下去，也为了避免以后有什么不测，就投奔了后唐。

辽太宗费尽心机，最后也终于达到了目的，没有直接设阴谋将他杀死。阿保机当初也是如此，没有在兄弟们第一次反叛时将他们杀死，而是赦免了他们，直到后来才杀了一些人，但对于首犯也没有斩首，而是处以杖刑。

## 继续父业争霸中原

在巩固了自己的帝位之后，辽太宗开始继续父亲阿保机的事业，向南用兵，争霸中原。契丹从阿保机开始就想把疆土扩展到黄河岸边，进而拥有黄河以北的大片领土。但中原的势力一直抵制契丹，所以，契丹用兵时总是趁中原几派势力相争时打着支援一方的旗号进攻。

在后唐统治时期，尤其是后唐明宗时期，中原比较稳定，再加上后唐的军队号称鸦军，都穿黑衣，战斗力也很强，而契丹是以民为兵，没有专门的野战军，所以在和中原兵作战时总是吃亏。因此，辽太宗的势力再大，也要等到中原出了变故时乘虚而入，收渔人之利，单纯的宣战和正式决战很难取得成功。所以，辽太宗南下中原一直等到了李嗣源死后，而且是石敬瑭主动求救时才敢出兵，后来灭后晋也是由于后晋将领投降拣了个便宜。

石敬瑭和后唐末帝李从珂发生矛盾之后，石敬瑭为保住自己的势力，称帝登基，只得向辽太宗求救。等待已久的辽太宗喜出望外，看到石敬瑭诱人的条件，赶忙亲自出兵相救。立石敬瑭为大晋皇帝，自己则得到了一大块肥肉，不费吹灰之力将早就渴望的十六州拢入契丹的统治范围，而且每年还有大批的布帛输入。但辽太宗这块意外的肥肉也只品尝了十来年的时间，最后他不但把命丢在了中原，而且十六州也被北汉和后周拿去了。

不管以后怎样，辽太宗毕竟将十六州弄到了手，下一个目标就是继续南下，将边界推进到黄河岸边。

## ◎ 趁机而入

石敬瑭死后，石重贵继位，后晋态度的变化给辽太宗用兵提供了良机和充分的借口。同时，幽州的赵延寿也想像当年石敬瑭那样当个皇帝，劝辽太宗乘机进攻。后晋将领杨光远也暗通契丹，说后晋违背盟约，正好借机出兵，而且后晋境内发生了大的灾害，军队也死亡过半，只要出兵，就能一举成功。

辽太宗禁不住心动了，为了抓住这个难得的机会，便发动了对后晋的讨伐战争，而且连续打了三次，直到灭了后晋。在灭后晋长达三年的战争中，辽太宗超人的意志力得到了充分的体现，这说明他用兵中原是经过了长期准备和等待的，一遇到有利时机就不达目的誓不罢休，最后终于实现了多年的愿望，虽然得胜由于后晋军队的投降，但辽太宗的意志力之强确实令人佩服。

## ◎ 玩弄奸人

在用兵的过程中，辽太宗的过人谋略也运用得很充分。他最大限度地利用了汉族官吏的称帝野心和他们之间的矛盾，这和辽太宗多年了解掌握中原的各种政治和军事情报有很大的关系。

他先利用了赵延寿想当中原皇帝的野心，让他充当了和后晋作战的先锋。许诺赵延寿在灭后晋之后让他做皇帝，使他深信不疑，作战很是卖力。

第一次发兵，只有赵延寿的一路兵马取得了一点战果。等最后灭了后晋，辽太宗却闭口不提当初的诺言，赵延寿不知羞耻地提出立自己为太子，辽太宗却说太子应该由他的儿子当，他当不合适。就是任赵延寿官职时大臣也提议将给他的"都督中外诸军事"给划掉了。狡诈善变的辽太宗将赵延寿大大耍弄了一番。

对于另一个人物杜重威，辽太宗也同样许诺给皇帝之位，等杜重威投降后，让他穿上皇帝穿的赭黄袍，和之前让赵延寿穿赭黄袍去抚慰后晋将士一样，将这两个一心要当皇帝的败类像耍猴一样耍了个够，他们俩如果在一块谈谈穿赭黄袍的感受

木板画《侍卫图》

大概会差不多吧。

　　皇帝这个位子最后还是辽太宗自己坐上了，不过他的代价也很大，把老命都搭进去了，死前还受了不少罪。

## 灭后晋

　　对后晋的战争由于后晋爱国将士的英勇奋战，辽太宗也打得很艰苦，第二次发兵时，被后晋的皇甫遇、慕容彦超、李守贞等将领打得大败而归，契丹国内当时也发生了灾害，人和牲畜大量死亡，各部落也有了厌战情绪，而且母亲述律后了解到后晋派使者议和时，也极力劝说辽太宗罢兵讲和。述律后对儿子说："如果汉人做契丹王，行吗？"辽太宗说："不行。"述律后又说："那你为什么非要当汉王呢？"辽太宗说："石氏忘恩负义不能容忍。"述律后又劝他："你就是得了汉地也不能久留，万一有什么意外，后悔就来不及了。"后来的事实说明述律后还是有先见之明的，辽太宗也命丧中原。

　　辽太宗没有听从母亲的劝告，坚持要后晋割让镇州和定州，才肯息兵，其实他是不愿意就此轻易丧失这个机会。虽然一时失利，但辽太宗还是第二年又出兵进攻，抓住了时机，利用杜重威怯懦和想当皇帝的弱点，劝降成功，不久后晋也被灭掉了。

## 真正的大辽皇帝

会同十年（公元947年），辽太宗用中原皇帝的仪仗进入了后晋都城开封，在崇元殿他又穿上汉族皇帝的装束接受文武百官的朝贺，把投降的石重贵封为负义侯，除了讽刺，这个官职没有任何别的含义。后晋因为契丹而建立，最后又因为契丹而灭亡，真是兴也耶律德光，亡也耶律德光。靠别人的力量建立的王朝很难长久存在下去。在称帝之前，辽太宗耶律德光又做了做表面文章，让了让帝位，但后晋的大臣们被赦免已经很感激他了，谁还敢说别的，于是都说"夷、夏之心，皆愿推戴皇帝"，辽太宗也不再让，欣欣然坐上了父亲阿保机早就想坐的皇帝宝座。在举行仪式时，汉人穿汉服，契丹人穿他们的民族服装，辽太宗则穿汉服。此后，辽朝的官服制度也就以此为标准，契丹和汉人分别穿本民族的服装。辽太宗在做了中原皇帝的同时还将契丹国号改为"大辽"，年号也改成"大同"。有的书中为了叙述简便，就将这之前的契丹也称为辽。

# 辽太宗的贡献

辽太宗不仅完善了政治制度，而且在官制的汉化过程中有了自己的特色。

## 🌀 北面官制

随着辽的统治区域不断扩大，辽太宗为了更好地治理不同民族的事务，就制定了"因俗而治"的原则，形成了北、南两套完整的官制。即北面官制和南面官制。

北面官制，即辽朝契丹族的官制，官吏一律用契丹族人，掌握契丹的一切军政事务，也是辽朝的最高权力机关。之所以称为北面官，是因为辽国有崇拜太阳的习俗，喜欢向东，而且以左为上。

这样，辽王的大帐就面向东方，而北面就是左，也就是契丹族官吏的办公地点，所以叫北面官。在北面官中，又分为几种类型：北面朝官，北面御帐官，北面皇族帐官，以及北面诸帐官和北面宫官。

北面朝官，这是辽朝官制的主要机构，在北面朝官中又分为南北两个不同的部门，如北枢密院管兵部，南枢密院管吏部。这和总的南北面官制很容易混淆，应该分清。在北面朝官中，南北枢密院是辽国的最高行政机构，分别掌管军政和民政，也通称为北衙和南衙。北面朝官中还有北南枢密院中丞司，掌管纠察检举百官。北南宰相府也参与军国大事，类似于汉族官制中的参知政事。另外，还有大惕隐司，掌管皇族的政教事务。设置夷离毕院，掌管断案、刑狱。敌烈麻都司掌管礼仪。最后在百官之上还设置了一个没有实际职务的大于越府，只是一个荣誉称号，和汉族太师的称号差不多。但一般人很难得到大于越的称号，整个辽朝也只有三个人得到过。

北面御帐官，它也有许多下属机构。例如侍卫司，负责御帐的护卫。北南

🌸 契丹文字

护卫府，负责北南两个枢密院的护卫工作。

北面皇族帐官，阿保机的后裔、阿保机伯父的后裔、阿保机叔父的后裔、阿保机兄弟们的后裔共四个系统的皇族，分别设立有职权的营帐，叫做四帐皇族，地位很高。北面皇族帐官也有分支机构，大内惕隐司就专门掌管四帐的政教事务。

北面诸帐官，这是为阿保机部落之外，即皇族之外的其他有地位的部族设立的机构，如遥辇氏、渤海王族等，一方面是表示恩宠，另一方面也是为了有效地控制。北面宫官，主要掌管宫廷一些日常事务。

八菱錾花银执壶

## 南面官制

和北面官相对应的就是南面官，在辽太宗得到十六州之后，进一步完善了汉族的官制，仿效唐朝的官制，设立三省六部等一整套治理机构。以此来招徕汉族人，管理汉族人的事务。南面官主要由汉人来担任，契丹人也有在南面官中任职的，他们被称为汉官，也穿汉服。南面官由于办公的营帐在辽国王大帐的南面，所以称为南面官。

南面官中的分支机构有：汉人枢密院，阿保机的时候叫"汉儿司"，其他有中书省、尚书省、门下省、御史台、翰林院等。

## 地方制度改革

在地方官制当中，辽朝也是两套制度并存，就是部族制和州县制，契丹人和其他游牧民族用部族制，而汉人和渤海人则使用唐朝时用的州县制。在耶律倍投奔后唐之后，辽太宗又趁机整顿了东丹也就是原来渤海国的行政制度。

辽太宗先让耶律倍的妃子主持东丹政务，然后采取措施加强了对东丹的控制。东丹国在原先并不是辽中央政权直接管辖的地区，东丹是个亲王的封国，东丹王对于本地的事务可以全权管理。他可以自己建立年号和国号，而且有权直接和外国交往。对于宰相以下的官员可以自己任免。在耶律倍走后，辽太宗就在东丹国设立了中台省，派遣官吏到那里参与政务管理，从而加强了对东丹的控制。

## ◎ 推行汉化

辽太宗治理辽国的过程也是他学习汉族文化，总结汉族治国经验并运用于实际的过程。原来辽太宗就很重视农业的发展，不但支持汉族人在汉族地区发展农业，在草原地区适合发展农业的地方，他也让人开垦土地，发展生产。为保护农业生产，防止没有重农习惯的契丹族人有意无意地破坏，辽太宗下令禁止随从们随意践踏庄稼，行军时也命令部队绕开农田。农业的发达对辽国多种经济的发展起了较大的促进作用，也增强了辽的国力。

发展农业的同时，辽太宗也继续父亲阿保机的做法，尽量征召人才，尤其是汉族人。得到十六州后，曾经选拔了一批汉族的知识分子治理各州的事务，其中有不少能干的良才。辽太宗又仿效汉族皇帝的做法，让下属举荐有才德的人任官。后来又下诏书招聘贤才，如果考核时确实很突出的，就马上可以担任很高的职务。在援助石敬瑭那次战争中，辽太宗得到了后唐的书记张砺，非常高兴，觉得此人难得，让手下以礼相待。张砺非常感动，此后真心辅佐辽太宗，辽太宗也很器重他，将他升为翰林学士，后来又任命为左仆射兼门下侍郎，同平章事，成了辽太宗的宰辅之臣。重用有才德的汉人，对于辽太宗的统治帮助很大。

与此同时，辽太宗还学习汉族的一些做法，例如对贪官污吏的处罚，整顿赋税制度，减轻百姓过重的经济负担。对于汉族的一些礼仪他也尽量吸收，例如他废除了婚姻制度中姊死妹续的旧契丹民俗。下令做汉官的契丹人随汉族礼俗，可以和汉族人自由通婚，从而促进了民族之间的交流和进一步的融合，也从根本上密切了契丹与汉族的关系。

尽管如此，契丹人的习惯也不能从根本上得以改变，特别是辽军在南下中原作战的时候，由于辽国军队没有后勤供应，粮草要靠自己就地解决，所以，辽兵到一个地方就必然要骚扰百姓，抢夺粮草，这使辽军遭到汉族人的强烈反抗。民心丢失了，辽在中原的统治也就很难再继续下去，直到临死，辽太宗耶律德光才醒悟过来，但为时已完，其实就算他早一点知道，并采取措施，也无法在较短的时间内改变长期的民族习惯。契丹作为一个落后的游牧民族统治汉族地区，就必须汉化，辽太宗死前大概认识到了

◎ 契丹大字银币

这一点，但他已经没有机会把他总结的经验教训在实践中贯彻实施了。

辽军在汉族地区除了掠夺粮草之外，许多契丹人还在汉族地区担任官职，由于不懂治理之道，汉人中的一些投机取巧的小人就充当了他们的走狗，教他们搜刮民财，鱼肉百姓，这更增加了百姓对辽军不满，于是中原地区反抗不断，辽太宗只好北返。当然，他北归也有不服中原水土留恋草原家乡的原因。在回去的路上，他慨叹道："我不知中国人（指中原汉人）难制如此。"其实，辽太宗本人对于汉族人的反抗也应负主要责任，他在北返途中，异常残忍，竟采取了屠城这种野蛮残酷而又丧失人性的做法，这更使反抗蔓延而激烈。

## ⚫ 失掉了性命

最后，辽太宗总结了这次出兵的得失："我有三失，所以天下才这样反叛我！各地搜刮百姓钱财，是第一失；让契丹士兵打谷草扰民，是第二失；没有早点遣返节度使去治理各镇，是第三失。"对于如何治理中原，他也有了比较成熟的想法，在给他的弟弟李胡的信中写道："我夜里常思考治理中原的办法，看来，只有推心置腹、和协军情、抚慰百姓这三件事最重要。"只可惜他总结得有点晚了，不久就在临城（今河北临城）得病，而且病情恶化很快，到了栾城（今河北栾城县）的杀胡林，更是高烧不退，在胸口和腹部放了冰块也无法降温，终于死在了栾城。为防止尸体腐烂，契丹人将他的内脏摘去，将尸体用盐浸泡，运到了辽国。几年战争得到的土地，包括十六州也全部丧失，被北汉和后周夺回去了。

凤衔珠镏金法舍利塔

# 南征不归路

辽世宗因当机立断顺利称帝，后却强行南征死在征途。

## ◎ 人皇王之子重登帝位

　　辽太宗逐鹿中原，没想到陷入重围，只好匆忙北撤，在公元947年4月，死于栾城（今河北栾城县）的杀胡林。

　　辽太宗的死使辽的帝位又成了众人争夺的焦点。原来人皇王，即东丹王耶律倍投奔后唐之后，他的长子耶律兀欲还留在辽国，封为永康王。他也随辽太宗南征中原，所以在太宗死时他正在军中，由于太宗死得突然，军营中再没有更合适的人选来统帅三军，所以众将商议让耶律兀欲继承帝位。

　　但当时还有两个人有继承皇位的资格，一是太宗的弟弟李胡，另一个则是太宗的长子耶律璟。由于述律太后常说要让李胡继承皇位，所以，兀欲开始很犹豫。他找来耶律安搏商议。耶律安搏是耶律迭里的儿子，耶律迭里在过去曾支持耶律兀欲的父亲耶律倍即位，被述律太后处死。他此时是耶律兀欲的亲信，他认为耶律兀欲聪明宽容，又是耶律倍的长子，现在应当当机立断，以免丧失时机。其他人如南院大王耶律吼和北院大王耶律洼也认为如果去请示述律太后，必定会让李胡即位，而李胡性情暴虐，不得人心。最后大家一致拥立耶律兀欲即位，地点在镇阳（今河北栾城北），这就是辽世宗。

## ◎ 横渡之约

　　辽世宗私自即位的消息传到述律太后那后，太后大怒，连忙派儿子李胡领兵

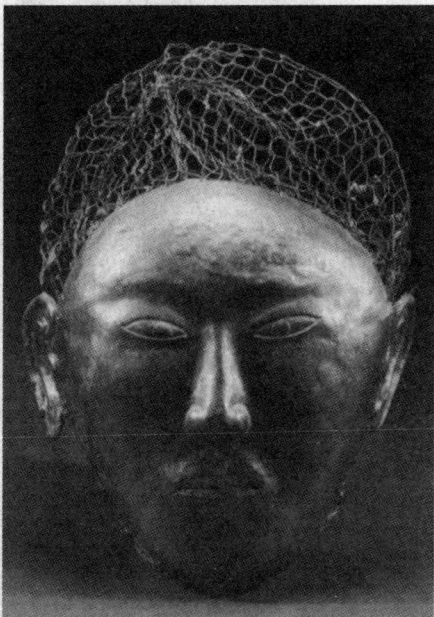

辽陈国公主覆金面具

南下，想把皇位夺回来。第一次交战，李胡大败而退，辽世宗领兵追赶，和李胡兵在潢河（今西拉木伦河）的横渡隔河对峙。李胡将对方众将的家属抓到军中，放言说："我如果战败了，先杀了你们。"这使得辽国内部人心大乱。

在这紧急关头，富有深谋大略的耶律屋质来往于双方军中进行调解，终于避免了一次内部残杀。

耶律屋质到达辽世宗的军中，世宗给祖母述律太后的回书很不客气，屋质便劝说道："这么写信，怎么能化解恩怨呢？臣认为应该尽力和好，这才是最好的结果。"世宗却说："他们是群乌合之众，怎么能抵挡得了我的千军万马？"屋质一听也不示弱，说："既然他们不是你的对手，那你又怎么忍心去杀自己的同胞兄弟呢？何况现在还不知道胜负，即使你侥幸取胜了，大家的家属都在李胡手里，性命难保，我看最好还是讲和吧。"世宗问："那怎么讲和？"

屋质说："和太后见面，大家把各自的怨恨都说出来，讲和也就不难了。如果讲和不成，再刀兵相见也不晚。"但一朝见了面，双方又各不相让，言语激烈，互相指责，没有了讲和的迹象。耶律屋质又从中尽力撮合。

述律太后对耶律屋质说："你要为我说话啊！"耶律屋质说："太后如果能和大王尽释前嫌，那我就替您说话。"

太后说："那你说吧。"耶律屋质说："早先人皇王在世时，为什么要立嗣圣（指太宗耶律德光），不立人皇王。"

太后说："立嗣圣是太祖的意思。"耶律屋质又回过头去问

雕塑的珍品

金花银万岁台砚盒

辽世宗："大王为什么擅自即皇帝之位而不请示长辈太后呢？"

世宗没有正面回答，却说："父亲人皇王原来当立却没有立，所以他老人家才逃奔了后唐。"他的意思是：父亲原来就应当继承皇位，但没有继承，现在由我来继承正好还了先前的债，理所应当。

耶律屋质见双方毫不相让，便严肃地说："人皇王舍弃父母之国逃奔后唐，你说应不应当？大王见了太后，不知道道歉，却只提旧的恩怨。太后则是固执于偏爱，假托先帝遗命，随便授予皇位。你们这样，怎么能讲和呢？还是赶快交战吧！"说完屋质愤愤地退到一边。述律太后本来就人单势孤，军队也无法抗衡，现在耶律屋质又撒手不管，急得流着泪说："先前太祖时就有众兄弟作乱，致使天下遭难，国家疮痍还没有恢复，怎么能再让兄弟残杀呢？"

辽世宗见祖母这样，也动情地说："父亲一辈的人没做好，我们晚辈的怎么能不做好呢？"最后双方终于在耶律屋质的调解下讲和了。

述律太后问耶律屋质由谁即位为好，屋质说："太后如果让永康王即位，则顺乎天意，合乎人心，不必再有什么犹豫了。"站在一旁的李胡一听就恼了："我还在这儿，兀欲怎么能立呢?!"

耶律屋质转身斥责道："自古以来传位以嫡长为先，不传众弟。过去太宗之立，本来就有错误，何况你暴戾残忍，多有人怨。万口一辞要立永康王，怎么能和他争夺王位呢？"

述律太后也对李胡说："你听到了吧？这都是你自作自受！"李胡无奈只好作罢。就这样，双方订立了有名的横渡之约，避免了一次兄弟之间的残杀。

而皇位终于转到了耶律倍一系中。后来，又转到耶律德光一系一次，然后，第二次转到耶律倍系，从此一直维持不变。

## 强化统治地位

辽世宗在横渡之约后，皇位基本稳定，然后他采取措施巩固自己的帝位。

一是对太后和李胡，他们回到上京后，还想再次发难，为防意外，世宗便将他们软禁到了祖州（今昭乌达盟林东镇西南），然后将同党的其他骨干处死。这样彻底解除了后顾之忧。

对于拥立他即位的功臣们世宗也论功行赏，让耶律安搏统帅腹心部，总领宿卫，还赐给奴婢一百口。世宗还效仿汉族制度设置了北枢密院，让耶律安搏做北枢密院使，掌管辽的军政大权，成为世宗事实上的宰相。

世宗的强化统治措施还包括镇压叛乱。原来许多拥护他即位的人是因为原来和述律太后有矛盾，等世宗地位一稳定，这些守旧的贵族们又和世宗产生了矛盾，以致最后兵戎相见。因为世宗倾慕中原风俗和政治制度，任用很多的汉人担任要职，这引起了旧贵族的不满。

在天禄二年（公元948年）正月，耶律天德、萧翰和刘哥、盆都反叛。结果被发觉，世宗将耶律天德处死，杖责萧翰，流放了刘哥，让盆都出使外国以示惩罚。第二年，萧翰和公主阿不里联络明王耶律安端谋叛，被耶律屋质得到书信，报告了世宗，世宗将萧翰诛杀，阿不里则在入监狱后死去。安端的儿子察割很狡猾，他假装揭发父亲的罪行，痛哭流涕，骗得了世宗的信任，结果，世宗只是将他的父亲安端贬到外地统领部族军队。察割则留在了朝中，为以后埋下了隐患。

察割表面一套，背后一套，偷偷谋划着篡夺皇位。这没有逃过耶律屋质的眼睛，但他向世宗汇报时世宗却不肯相信。在屋质再次劝说采取措施时，他却说："察割舍弃父亲而辅佐我，不会有什么事的。"世宗的轻信和大意使自己最后死于非命。

## 南征——世宗的黄泉路

天禄三年（公元949年）9月，世宗想趁后汉内斗之机南征，像辽太宗那样称雄中原。10月，派将领攻下了贝州、邺都等地。

第二年，世宗亲自领兵乘胜南下，后汉众将互不支援，结果世宗长驱直入，攻下了安平（今河北安平）和内邱（今河北内邱）后，大掠而回。

不久，在这年的冬天，后汉枢密使郭威灭掉后汉，在第二年的正月建立了后周。同时，刘崇也在太原称帝建立了北汉。

当年的6月，后周进攻北汉，刘崇为保帝位向辽求援，表示向辽称臣，做辽的属国。世宗便册封刘崇为"大汉神武皇帝"。9月，刘崇派兵攻打后周，辽世宗也想趁机合兵一处南下争霸。

但在和群臣商量时发生争议，大家都不愿意南下，世宗见大家不听，就强行南下，进兵到了归化州（今河北宣化）的祥古山，发生了意外。

这天，世宗和生母萧太后在行宫里祭祀父亲耶律倍，然后和群臣饮酒，最后大醉不醒。耶律察割则趁机和耶律盆都等人发动兵变，杀死了世宗和太后，察割自称皇帝，有不听从归顺的就抓起他的家属囚禁起来。

鎏金铜铺首

耶律屋质得知察割反叛，忙组织军队平叛，最后察割被世宗弟弟耶律娄国禽杀，盆都被凌迟处死，察割兵变终于平定。

天禄五年（公元951年）9月，辽太宗的儿子、寿安王耶律璟继任皇位，这就是辽穆宗。

# 一代睡王

世宗死后，耶律德光之子耶律璟即位。皇位又到辽太宗一支。

## ⚙ 不稳的帝位

辽穆宗虽然登上了皇位，但他的宝座并不稳定，和他的父亲一样面临着众多兄弟的争夺。在皇位继承方面，虽然在西周时期就确定了嫡长子继承制，但并没有得到很好的执行，秦朝的秦二世，后来唐朝的唐太宗，还有清朝的在位皇帝自选接班人的制度，都没有严格执行嫡长子制度。

为了巩固自己的地位，辽穆宗和一般的皇帝一样，对异己力量进行了排斥。原来和辽世宗关系近的大臣，或者罢官，或者不再重用。比如耶律颏显，本来对他继承皇位立下了大功，辽穆宗也许诺给他本部大王之位，但因为耶律颏显老是念念不忘辽世宗对他的恩情，所以，穆宗很不高兴，给他大王的许诺也就束之高阁了。

对于敢公开反对他，进行谋叛的人，穆宗也毫不手软地镇压。公元952年6月，穆宗即位不足一年，担任政事令的国舅肖眉古得和宣政殿学士李澣商议投奔后周，李澣给在后周做官的哥哥李涛写信，说契丹的君主不好，只知道喝酒游猎，没有大志向，建议后周用兵。最后事情泄露，肖眉古得被杀，李澣被处以杖刑。事情刚刚平息，在7月，辽世宗的弟弟耶律娄国又想自立为帝，被穆宗绞杀，同谋耶律敌猎被凌迟处死。

## ⚙ 叛乱不断

耶律娄国之后，谋反事情不断，使得穆宗疲于应付：

公元953年10月，李胡的儿子耶律宛也来争夺皇位，还涉及了自己的弟弟，连原来世宗的重臣耶律安搏也牵连在内。结果，安搏死于监狱中，其他人被处死。而弟弟和耶律宛却被释放了。

公元959年11月，四弟弟敌烈主谋反叛，被平息后，和上次一样，其他人被杀，敌烈却被释放了。为了警示众人，穆宗还专门进行大规模的祭祀天地祖先。

公元960年7月，政事令耶律寿远和太保肖阿不等人谋反，最后都被处死。

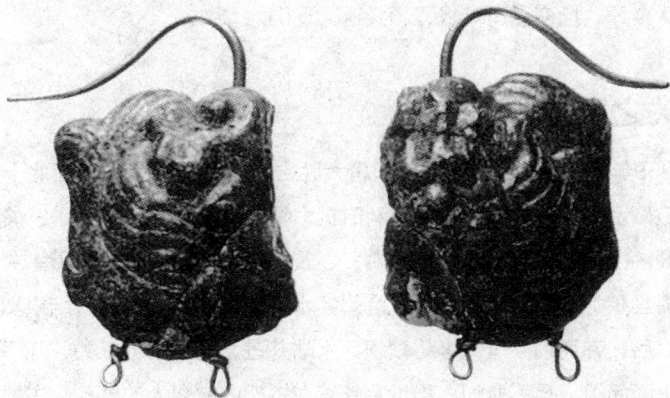

穿金丝琥珀凤形耳坠

　　不久，10月又发生李胡儿子耶律喜隐的叛乱。穆宗将李胡父子都抓进了监狱。除了镇压之外，穆宗还禁止大臣们随便议论朝政。许多大臣就是因为议论朝政而被贬官、罢官的。穆宗虽然将这些叛乱都平息了，但无法从根本上杜绝这类事情的发生，最后一次的谋叛他没能制止，结果在他被杀后，世宗的次子耶律贤便取得了皇位，政权又一次转到了耶律倍的一支，而且一直传到了辽末年。

## 高平之战

　　辽穆宗在位时，南面的政权是后周，这是五代中最有势力的一个王朝，后周的改革使各方面的实力大增。而周世宗更是五代一个有雄才大略的皇帝。而穆宗的内部却很不稳定，不用说反叛不断，他本人也是个喜欢喝酒、打猎、游玩的皇帝，没有什么大作为。这样的两国交战，胜负自然就很明显了。

　　公元954年2月，周世宗即位不久，北汉的刘崇便想趁机进攻，觉得周世宗在服孝期间必定不会出兵，于是请求辽派兵相助。穆宗派耶律敌鲁去助刘崇，又让杨衮率领一万铁骑兵和奚等部五万人，出兵一起攻打后周。

　　周世宗不顾冯道的阻拦，决意亲征。3月，两军在高平（今山西高平）展开了激战。杨衮见后周军队军纪严明，提醒刘崇不要轻敌，但刘崇却根本不听，反而出言不逊，杨衮气得领兵闪到一旁观战。开始时后汉军队占了些便宜，但在周世宗和后周大将赵匡胤的督率下，后周军反败为胜，将后汉军彻底击溃。后周军队乘胜紧追，几乎将刘崇军队全歼。杨衮没有参战，领兵返回辽国。

## ⚙ 三关之败

公元959年4月，周世宗在征伐南唐大胜之后，取得了南唐的江北十四州，国力骤增。他趁穆宗朝辽国势力减弱的有利时机，领兵大举北伐，取得了三关的胜利。

三关即益津关（今河北霸县境内）、瓦桥关（今河北雄县旧南关）和淤口关（今河北霸县东）。周世宗命韩通从沧州经水道进入了辽国境内，结果契丹刺史王洪进投降。然后，韩通和赵匡胤等将领领兵水陆并进，先后拿下三关，几乎都是接受辽国守将的投降而得，兵不血刃。周世宗能够在短期内取得大的胜利，主要是两方面的实力对比所致，一个皇帝昏庸，一个皇帝英勇，而穆宗又认为这些地方本来就是汉族之地，现在他们拿回去也没什么值得可惜的。

但周世宗由于多年劳累过度，病死于军营中，后周由此退兵，穆宗也返回上京。以后的战争就是辽和北宋的了。

赵匡胤在统一南北的问题上采取了先南后北的策略，结果丧失了良机，等他平定南方之后，再回头想统一北方时，辽已经不再是原来穆宗时的弱势了，反而对宋构成了威胁。

玛瑙舍利罐

## ⚙ 后期的残暴

辽穆宗在平定叛乱稳定政权之后，觉得帝位已无后顾之忧，于是更加放纵。晚上喝酒作乐，直到第二天早晨，然后白天就大睡其觉，政事便放在了脑后。因此得了个"睡王"的称号。

穆宗的游猎不分季节，不管寒冬还是盛夏，只要高兴，便去游猎。在游猎的时候也不忘喝酒，大概是吃野味下酒更有风味吧，而且"睡王"的兴致极高，每次游猎喝酒都要长达七昼夜才肯结束。

喝了酒，穆宗的脾气没有见好，反而更坏

了，动不动就找茬杀人，视人命如草芥。晚年时就更残暴了，左右侍从稍有过错，就被他亲手杀死，弄得侍从们整天提心吊胆。大臣们对他也是敢怒不敢言。据说穆宗杀人是听信了女巫肖古的话，为了取人胆造延年益寿的仙药。

穆宗自己残暴，却常常叮嘱大臣们进谏，大臣们见他残暴，谁也不敢劝谏。

## ◎ 醉酒丧命

因为穆宗的残暴统治，辽的国势日益衰微，政治黑暗，兵将疲弱，无法应付紧张局势，闹得全国上下怨声载道。再加上穆宗赏罚不明，不理朝政，反而嗜杀成性，最后死于非命也就没什么让人惊讶的了。

穆宗也似乎知道自己不得人心，在出行时命令在停留之地立下明显的标志，禁止其他人随意通行，违者处死。这样做是为了自己的安全，但躲了初一，躲不了十五。

穆宗的游猎场地大多数在怀州（今内蒙古巴林左旗林东镇），当地有几座山风景秀美，麋鹿成群，很适合打猎。一是黑山，一是赤山，还有太保山。穆宗一年四季打猎，基本上都在这几座山里。

公元969年2月，辽穆宗又来到黑山游猎，在和随从们饮酒时又喝醉了。可能是在半夜时醒来后，向左右要食物吃，结果没人答应，穆宗大怒，要杀做饭的人。这些人很害怕被杀，连夜起来反抗，他们六个人以送饭为掩护，持刀进入穆宗的营帐，杀死了穆宗。穆宗的残暴、对近侍的残忍，终于有了恶报的结果。

男陶俑

门吏图

# 辽景宗大战北宋

辽景宗耶律贤在位期间可以算得上辽国最为强盛的时候，所以他也可以跟南方的北宋掰手腕了。

## ◎ 深谋远虑为帝位

辽穆宗对反对派的镇压虽然很多，但耶律贤的谋划比其他人都隐秘，在辽的政权内部也形成了一股较大的势力。当初父亲辽世宗被害时，耶律贤仅仅四岁，在穆宗统治时他逐渐长大，周围也有了一批拥戴的文武大臣。在辽穆宗终于恶有恶报地被侍从杀死后，应历十九年（公元969年）2月，在契丹和汉族大臣们的拥戴下，耶律贤继承帝位，改年号为保宁，耶律贤就是辽景宗。从景宗开始，辽的帝位一直就在耶律倍一支中传到了辽末。这和辽后来完成封建化，建立嫡长子继承制有着直接的关系。

景宗即位后进行了一系列的改革，这为后来圣宗时的全盛奠定了基础，所以历史上称为"景宗中兴"。此时内部政治稳定，农牧业兴旺，对宋的战争基本上占了上风。

## ◎ 重用汉族官员

汉族官员被辽大量重用主要开始于景宗时期，景宗即位后，先将拥立他即帝位的汉族官员高勋封为南枢密院使，又加封为秦王。原来汉官韩知古的儿子韩匡嗣被任命为上京留守，后来改任南京留守，加封燕王。这说明辽已经把汉官纳入了政权的中枢机构，因为南京留守一职原来一直由契丹宗族担任，属于要职。韩匡嗣的就任说明汉官的地位有了明显的提高。

由于对汉官的重用，极大地促进了政权机构的进步和办事效率的提高，也促进了契丹的

🦋 水晶珠下珀璎珞

烹饪图

封建化。从此，辽进入了中兴时期，开始向圣宗的全盛期迈进。这就如同唐高祖为"贞观之治"奠基，雍正皇帝为乾隆时期的兴盛奠基一样。

## 整顿吏治

为了彻底改变穆宗时期的混乱局面，景宗对吏治进行了改革。他向汉官室询问治国之道，研究古今各朝代的经验教训，然后运用到改革实践中去。在实施过程中，景宗赏罚分明，大胆用人，即"任人不疑"。这使得百官克尽职守，丝毫不敢懈怠。穆宗时期的许多弊端很快被清除掉。这样在君臣的共同努力下，政治开始显现出一派清明气象，国力也随之而上升，这是和北宋交战获胜的主要原因。

景宗的纳谏历史也有记载，在景宗在位晚期，郭袭向他上书，劝谏减少游猎次数，说穆宗时因为贪恋游猎，荒废了政事，结果闹得上下怨气冲天。现在经过十年的征伐，政局还没有完全稳定。

奏书上说：国家虽然连年丰收，但经济还没有全面恢复，这正是励精图治的好时候，但听说陛下也迷恋游猎，这应该收敛自制，防止穆宗时的悲剧重演。况且南方还有北宋的威胁，如果他们听说陛下迷恋游猎，恐怕又要趁机北进了。希望陛下能及时收敛，以国家社稷为重，谋求国运昌盛，官民安宁。

景宗看了后虽然没有完全采纳，但对郭袭很是赞赏。这时北宋已经发动了收复燕云之战，景宗正在全力迎战，收敛了游猎活动，一心一意地进行政治建设只能等到以后去做了。

## 北宋灭北汉之战

辽宋之战是由北宋攻打北汉引发的。辽景宗这时正在进行内部改革，对宋采取防御战略，对它的属国北汉也训令不得随意惹是生非，维持边境现状。

公元969年，景宗刚即位的时候，宋太祖赵匡胤曾经想消灭北汉，结果败给了辽的援军，此后与辽议和，将精力用在了南方。等统一江南之后，宋太祖又回头想再次灭北汉。公元976年9月，宋太祖派潘美等将领进攻北汉的都城太原，结果在北汉和辽的抵抗下兵败而归，11月，宋太祖病故，弟弟赵光义即位，这就是宋太宗。

公元979年2月，宋太宗亲自领兵讨伐北汉，辽也派兵救援，结果在辽军渡河时，宋军打败辽军，杀死辽的五员战将。6月，北汉被宋灭掉。

## ◎ 高粱河之战

刚灭掉了北汉，宋太宗便将军队调到了河北地区，准备进攻辽的南京（今北京）。手下将领说战争刚结束，应该有个休整准备的时间，而且粮草也很匮乏，难以支持长久作战，但宋太宗觉得辽刚吃了败仗，士气正在低落时期，应该乘胜追击，再扩大战果。

战争开始时很顺利，易州刺史献城投降，进军到了涿州，又是兵不血刃地接受了投降，宋军兵锋直指南京城。守卫南京的辽将耶律奚底和宋军在沙河初次交战，被宋军打败，退到了清河北面。宋军便将南京包围起来，辽军则坚守不出，等待援军。

景宗见形势紧急，便派名将耶律休哥领重兵相救。耶律休哥将军队兵分两路，一路只有五千人，佯装主力去南京城下引诱宋军交战。而主力骑兵三万则在夜里绕行南面，到了宋军的背后，号令之下，三万精锐以席卷之势猛攻宋军。在高粱河（今北京市西南）一带双方展开了激战，结果，腹背受敌的宋军惨败而退，宋太宗只身出逃，到了涿州（今河北涿县）才弄了辆驴车逃出重围。这一战，宋军损失惨重，元气大伤。

## ◎ 满城大战

高粱河一战，辽军虽然取得了胜利，但辽景宗还不满足，为了报北宋围困南京之仇，在高粱河大战结束不久，就在9月发兵讨伐北宋。10月，两国军队在满城（今河北满城）对阵。

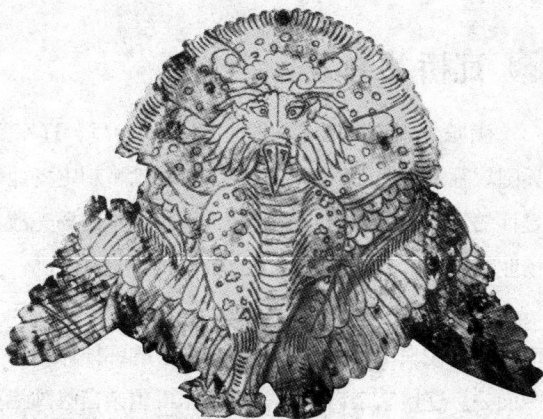
🐚 海东青鎏金铜饰件

开始时宋军按照宋太宗的命令将军队布成八阵，每阵距离百步，这使得士卒们非常恐惧，心里没有了斗志。宋将赵延进登高望去，只见辽军东西相连，看不到头。

于是对负责排列八阵的崔翰说："陛下将边关之事委托给了我们，是希望我们能克敌制胜，现在敌人的骑兵一字排开，虎视眈眈，而我们却分散布阵，如果敌人猛攻，那我们将怎么应付？我看不如将兵合为一处，这样就可以和敌人一决雌雄了。虽然违抗了陛下分兵布阵的命令，但我们却取得了战役胜利，这不比兵败辱国更好吗？"

崔翰犹豫地说："万一不能取胜，那该怎么办？"赵延进说："如果兵败丧师，我来承担全部责任。"

崔翰仍然觉得不应该擅自改变皇帝的意旨。正在犹豫不决时，镇州监军李继隆也劝说崔翰："用兵贵在随机应变，怎么能以事先的预料情况约束自己呢？违抗诏命的罪名由我一人承当。"

崔翰听了监军的话这才下决心改变布阵方式，将宋军分成两阵，前后互相呼应。士卒们也很高兴，士气得到恢复。

在决战之前，宋军进行了诈降，辽军督统韩匡嗣信以为真，想纳降，随行的耶律休哥赶忙劝阻道："宋军军容整齐，锐气十足，这肯定是不肯屈服的，这是在用诈降来引诱我们上当。我们应该严阵以待，静观其变。"

韩匡嗣听不进去，准备纳降，放松了警惕，结果被宋军突袭成功，两阵合攻辽军，韩匡嗣仓促应战，但无法抵御宋军的强大攻势，士卒们也纷纷丢掉兵器逃命。宋军在乘胜追击时遭到了耶律休哥的顽强抵抗，只得退回，辽军这才免于全军覆没。

## ⊙ 瓦桥关之战

满城决战的第二年，即公元980年3月，辽军又开始和宋军交战。辽军用十万重兵围攻雁门（今山西雁门关），宋的代州刺史杨业领兵大败辽军于雁门之北。杨业就是评书《杨家将》中的杨继业。人们都叫他杨无敌，这次打败辽军之后，辽军一听说杨业的名字，一看见是杨业的旗帜，便望风而逃，匆匆退去。

到了10月，辽景宗亲自到了南京，领兵伐宋。先是围攻瓦桥关（今河北雄县旧南关），在宋军救援时，被早有准备的耶律休哥击败。宋军在守将张师的率领下想突围而去。辽景宗亲自督战，耶律休哥也亲自临阵指挥，最后张师战死，宋军败退又回到城中。

宋军又隔河与辽军对峙，耶律休哥则率领精锐骑兵强渡，过河与宋军决战，宋军不敌大败而退，辽军又追到了莫州（今河北任丘），与宋军再次决战，宋军损失很大，几员战将也被俘获。辽军也遭到重创，无法取胜，只好退兵。

耶律休哥因为瓦桥关一战立下战功，被加升为辽的于越。

在瓦桥关决战之后两年，公元982年四五月间，辽景宗又一次亲自领兵伐

现存最古老的木结构塔式建筑

宋。这是第二次满城之战。最后被宋将崔延进打败，只好退回。这是辽景宗和宋的最后一战。

当年九月，辽景宗到达云州（今山西大同）境内，游猎于祥古山（今河北宣化境内）的时候得了病，最后在赶往云州的途中死于焦山（今山西大同西北）。景宗死后，12岁的儿子耶律隆绪即位，即辽圣宗。

# 耶律延禧亡国

历史走到一个循环，势必会找出来一个倒霉的人做末代皇帝……

## ◉ 母子殉身

文妃姐妹三人，姐姐所嫁耶律挞葛里，妹妹所嫁耶律余睹，都是朝廷重臣。文妃之子晋王武艺高强，对人十分宽厚，在诸皇子中更显得鹤立鸡群，十分能干。

当时辽宫中不准内侍读书，一经发现，严加训斥。一次，天祚帝召见王子，晋王到皇宫时看到一个叫茶剌的内侍正在看书，就拿过书来翻了翻。正巧其他王子也来了，晋王便把书藏入袖中带回家，后来悄悄地还给茶剌，关照他小心不要再让人看见。晋王年纪轻轻就懂得隐恶扬善，具有长者风度，在朝廷内外很得人心。文妃自然也希望晋王能继承皇位。

天祚帝的元妃贵哥也生有一子，封为秦王。贵哥的兄长萧奉先为枢密使，封兰陵王。此人外宽内忌，成事不足，败事有余，却颇得天祚帝的赏识。萧奉先想立贵哥所生之子秦王继承皇位，处心积虑要除掉晋王。他诬告文妃勾结其姐夫和妹夫欲立晋王为帝，尊天祚为太上皇。天祚帝信以为真，立即诛杀耶律挞葛里及其妻，逼文妃自尽，以晋王未参与谋立阴谋而不加追究。

当时为辽南军都统的耶律余睹听到消息后，率军投奔女真，借来金兵，杀回辽京。天祚帝十分惊慌。萧奉先对他说："余睹也是辽皇室苗裔，实无亡辽之心。他率兵攻辽，无非是想立晋王为帝。为了国家的命运，皇上

鱼鳞纹银壶

还是不惜一子，杀了晋王，让余睹希望成空，他自然也就不战而退了。"天祚帝以为言之有理，就令晋王自缢。

有人劝晋王快逃，晋王对天叹道："我怎能为了蕞尔之躯而违背父皇的意旨呢？我不能做有失臣子之节的事。"言毕慨然就死。

## 🔵 辽末帝下马

耶律余睹得知晋王自尽后，更为愤怒，加紧进攻，直逼天祚行宫。天祚被迫退入深山。金兵未至时，萧奉先曾宽慰皇帝，说金兵不会远离故土，深入辽境。如今落到这种地步，天祚方悟奉先误国。他对萧奉先说："正是你们父子害得我国亡家破，现在就是杀了你们，又有什么用？你们快离开吧！免得军队哗变，祸及我身。"奉先父子大哭一场，只得离去。没走多远，被手下亲兵拘押起来，送往金营。金人杀了萧奉先的长子，把奉先和次子萧昱枷往金国。半途遇辽兵，萧奉先父子又被夺回，押送给天祚帝。天祚怕留下奉先引起兵变，令奉先父子自尽了事。

然而此时辽国的溃败已势所难免。公元1125年，天祚帝在山西应州被金兵包围。他自知难逃，干脆挺身向前，对金兵说："我就是辽天祚帝！"金兵要用绳索捆他，天祚大声喝道"放肆！你们敢绑天子吗？"金将完颜娄室驱马来到天祚面前，翻身下马，跪地作揖，说："奴婢不才，乃以甲胄冒犯天威。请陛下下马！"

天祚帝凄然一笑，下马。二百年前由辽太祖打下的基业就这样从马鞍上滚了下来。

金链竹节形玉盒

# 西夏

公元1038年—公元1227年

# 雄心万丈的元昊

元昊少时即胸怀大志，不甘居人之后。

## ◉ 优越的成长环境

北宋建国后，一直处于内忧外患之中，到了真宗时，刚经过澶渊之盟，安下了辽朝那一头，西北边境的党项族（古代少数民族之一）贵族趁宋朝忙着对付辽朝的机会，经常侵犯宋朝边境。宋真宗疲于应付，只好妥协退让，封党项族首领李继迁为夏州刺史、定难军节度使。李继迁死后，又封他的儿子李德明为西平王，每年给他大批银绢。

元昊出生的第二年，他的父亲德明继任了定难军节度使的职位。德明奉行联辽睦宋政策，使党项部落得到了相对安定的环境。然而在优越的生活条件中成长起来的元昊，却养成了桀骜不驯的性格。

元昊十几岁时，他的父亲李德明对他们用马匹、骆驼等与宋朝换来的物品不满意，竟然一怒之下将使臣斩首。元昊既不理解父亲的睦宋政策，又对父亲这样擅杀使臣非常不满，就对父亲说："我们党项历来以从事鞍马为业，现在你用自己急需的马匹去换取宋朝的不急之物，已经不是良策，而你又要随便杀人，这样下去，还有谁肯为我们所用呢？"李德明听了元昊的这番话大为惊奇，非但不恼怒，反而觉得儿子小小年纪就有这样的见识，感到很高兴。从此对元昊格外器重，经常让他参与一些军机大事。

西夏陵区出土的印

## ◉ 暴露雄心

长大后的元昊，在性情脾气上酷似他的祖父继迁。他是一个野心勃勃的人，精通汉文和佛学，多次带兵打败吐蕃、回鹘等部落。他对李德明向宋称臣的卑躬屈膝尤其反感。

有一次，父子俩为此进行了一场争吵。李德明觉得有必要开导儿子，使他知道审时度势的重要，就用浅近的话语来激励儿子，说："我们西夏从你祖父起，由于连续多年与宋朝打仗，已经很疲乏了。自从停止战争近三十年来，我们的部属都能穿上宋朝的锦绮，这是宋朝的恩情呀！你可千万不能忘恩负义。"

青铜镀金牛

血气方刚年轻气盛的元昊一点也不服，他反驳说："穿皮毛做的衣服，放羊牧马，这是我们党项族的本色，何必要按宋朝的习惯来改变我们自己呢？作为英雄人物的一生，应当去追求称王称霸的大事业，为什么只看到一点点锦绮呢？"他还劝说父亲："我们部落日益繁荣起来，只靠我们自己的财力，是远远不足的。如果失去了族众，那么靠谁来守卫我们的疆土？不如将从宋朝那里得来的俸赐，来招养我们党项的族众，练习弓矢，这样，小则可以四行征讨，大则可以扩充疆土，使我们全族上下丰盈富足，这才是最好的策略。"少年时的元昊就敢于这样向父亲表示不同的看法。但是德明没有采纳元昊的意见，因为按照当时的北方形势，元昊的意见无疑是操之过急了。

## ⚙ 自立门户

明道元年（公元1032年）10月，德明死去，28岁的元昊以太子的身份，顺理成章地继承了父亲的地位。于是他立即按照自己的志向，大张旗鼓地行动起来，又是设置官职，又是整顿军马，准备摆脱宋朝的控制，自立门户。

元昊继位时，接收了他父亲惨淡经营二十多年的摊子。从外部环境来看，辽和宋对党项继续奉行笼络政策。当元昊派报哀使到辽时，辽兴宗耶律宗真即派宣徽南院使萧从顺等持封册到兴州，封元昊为夏国王，并给予厚赐。当元昊的告哀使到达宋都开封时，宋仁宗不仅下诏"辍朝三日"，表示哀悼，还亲自同皇太后换了素服到幕殿为德明祭奠，表示了很高的礼遇。

## 挑衅宋使

　　但是，元昊并不想俯首帖耳地臣服宋和辽，尤其对宋朝。他探知宋仁宗像宋真宗一样，是个软弱的皇帝，就更加大胆妄为，毫无约束了。

　　宋仁宗除了以隆重的礼节祭奠德明之外，还派出工部郎中杨告等为旌节官告使；授封元昊为特进检校太师兼侍中，定难节度使，夏、银、绥、宥、静等州观察处置押蕃落使，爵西平王。这些封衔，比起德明来，并不高多少，元昊也不放在眼里。因而，当宋使进入兴州地界后，元昊故意拖延，不去迎接。在接待宋使时，也不以臣礼，甚至在宣读宋仁宗诏书时立而不跪。经宋使再三催促，勉强跪拜后，还愤愤不平地对左右大臣说："这是先王铸下的大错呀！使我们有了自立的国家反而去臣拜于别人。"在宴请宋使时，他预先布置，在屋后弄出锻击兵器的声音来吓唬宋使，使宋使非常难堪。元昊这样做，目的不仅是表示自己的愤恨，而且企图激怒对方，从此反目。然而，宋使杨告等此行唯恐完成不了宋仁宗交给的使命，因而处处小心，一再克制，不敢得罪元昊。

拜寺口双塔

# 建西夏

经过与宋的三次胜利战役，一举奠定乾坤，开创了帝王基业。

## ◎ 锐意改革、加紧称帝

在元昊继承父业时，外部环境有利于他图建大业。当时北宋王朝怯懦无比，只求和平自保；辽国刚与北宋结束长久的战争，也急需和平发展。从内部条件来看，元昊自身的地位相当稳固，他在党项贵族集团中的威信很高，经常表现要自立称帝，建国图强的欲望在族内几乎没有阻碍。再说德明活着时，已经为称帝建国做了许多准备，元昊新立，锐气正盛，就顺势推动，加快称帝的步伐。

元昊的称帝建国措施，与他的父亲德明不同。他不像德明那样一味地依照汉族地主王朝的文化制度，而是特别注意保存和发展党项民族本身的文化特色。

首先，元昊在他即位的当年（公元1038年）就下达"秃发令"，规定党顶部众一律剃光头顶，穿耳戴重环，并且自己率先实行。这项强制性的命令非常严酷，限期三日，不服者处死。秃发令一下，整个部族上下简直有留发不留头之势，逼得党项部众一时间争相秃发。元昊自认为是鲜卑拓跋的后裔，鲜卑人曾有过秃发的习惯，而且鲜卑族在历史上确曾有过光彩的日子。为了表示对祖先的怀念，也为了表示图强的决心，他决意推行这项强制命令。发式一改，服饰也随之变动。他对各级官员的不同穿戴都有着详细的规定。并且规定低级官员不戴冠，无官职的党项百姓则只准穿青绿色衣服。这么一来，文武、尊卑就全从服饰上区别出来了。

其次，元昊颁布了自己的年号。本来，党项没有自己的年号，由于他们臣服于宋朝，只用宋朝皇帝的年号，表示奉宋朝正朔。元昊先是借口宋朝的明道年号，犯了其父德明的名讳，于是宣布在党项境内将"明道"改为"显道"。不久，他又将"显道三年"改为"开运元年"，还实行"大赦国中"。改号不久，又将"开运"改为"广运"，于是"广运"就成了元昊的正式年号。

## ◎ 西夏文字的创立

如果说这些改发式、改服饰、改年号等做法，仅仅表现了元昊自立为帝的雄

西夏黑釉刻字瓷瓶

心，那么，元昊创制党项民族自己的文字——"蕃书"就不单纯是独立的国家政权的标志，而是对党项文化发展的重大贡献了。

元昊继位后，亲自谋划创制党项文字。他命令大臣野利仁荣等人参照汉字加以演绎，编成十二卷"蕃书"。这种文字在形体上注意运用汉字形体构造的"六书"，即象形、指事、形声、会意、转注、假借等六种构字原则，但会意字较多，象形、指事、形声字较少，笔画比汉字繁复，撇、捺等斜笔多，无竖钩。它的特点是类似拼音构字法的反切，上下字合成和左右互换字比较丰富，形成了独具一格的党项文字。元昊对党项文字的创制极为重视，在蕃书造成后，即宣布为"国字"。颁行之日，举国庆贺，并将广运三年改元为大庆元年。元昊还专门组织人员，到民间教习蕃字，大力推广。经过多年的使用，蕃书也逐渐形成了一套如同汉字正、草、隶、篆书体的固定体式。西夏文字的创制，不仅使党项族的文化得到了发扬光大，而且在中国历史的文献记载中起了重要的作用，无疑是中华民族的文化宝库中一份丰厚的财富。

元昊对弘扬党项民族的文化，有个比较完整的设想，突出了崇实的作风。他对党项族的音乐礼仪也进行了改革。由于久居夏州，不免较多地接受汉族文化的影响，在礼乐中"犹有唐代遗风"。元昊觉得这种风气过于华丽浮夸，不足为法，他提倡以"忠实为先，战斗为务"的精神来进行改革。当国家新立时，提倡简化的礼乐制度，树立朴实的作风，对于政治的安定和民族文化的发展是有益的。

## 军政强盛的皇帝

称帝建国的主要工作在于政治、军事方面的设施。他首先将军队分成步兵、骑兵、"擒生军"（后勤和警卫部队）、侍卫军等不同兵种，形成一支兵员五十余万的军事力量。接着，元昊将德明时代的都城兴州改为兴庆府，作为首都，仿照唐朝长安、宋都东京加以扩建。除此之外，他还参照宋朝官制设立了文武两班朝官，官职和官名大多模仿宋朝，中央大员党项人和汉人都可担任。元昊在即位后的短短六年中，以快马加鞭的速度完成了政治、军事、文化等各方面的准备工作，一个"东尽黄河，西界玉门，南接萧关，北控大漠，地方万余里"的党项王朝实际上已经出现在中国的西北部，元昊建国称帝的宏图也就水到渠成了。

元昊大庆三年（公元1038年）10月11日，兴庆府南郊筑起了高高的祭坛。在野利仁荣、杨守素等亲信大臣的拥戴下，30岁的元昊登上了皇帝的宝座，国号为大夏，改元"天授礼法延祚"。同时，大封群臣，追谥祖宗，封妻野利氏为宪成皇后，立儿子宁明为皇太子。

## 接触北宋、挑起战争

天授礼法延祚二年（公元1039年）正月，元昊派遣使臣向宋仁宗上了一道表章。表章在名义上虽然还是臣子的身份，但是口气十分强硬。元昊在追述了西夏与宋朝的历史关系和自己的功绩之后，公开宣称自己"称王则不喜，朝帝则是从"，表达了要"建为万乘之邦家"的坚定决心。

宋仁宗看了元昊的表章，真是怒愁参半，既气愤不已，又不敢发作，只好关照要"善遇使者"，但拒收进贡的马、驼。西夏使臣也毫不示弱，同样对等地拒收宋朝的礼物。

宋仁宗本来就又惊又怒，见西夏如此猖狂，怎么会承认它呢！不仅不承认，宋王朝还下令削去西平王的爵位，断绝贸易往来。甚至在边境关卡上张榜，悬赏捉拿元昊。宋王朝的这种反应，大大地激怒了元昊。他立即整顿兵马，向宋朝进攻。

宋、夏双方，按经济实力讲，显然是宋朝占优势。但是宋朝从真宗以来，一贯执行屈辱求和的政策，加上宋朝的军事力量部署，一直是重内轻外，边境的武装力量薄弱，帅无良帅，兵无精兵。而西夏则久以取得中原为目标，此时正在新国方建、锐气正盛之时。因此，宋夏之间的战争中出现了微妙的局面。

## 三川口大捷

三川口（今陕西安塞县东）是延川、宜川、经川三河的汇合处。当元昊进犯宋朝西北边地，宋军在西北驻防的兵士共有三四十万之多。

西夏刺牌

照理说，这么多兵马，是完全可以打败元昊的，可是宋军这些人马却分散在二十四个州的几百个堡垒之中，而且各个州的兵马，都直接由朝廷指挥，彼此之间根本没有配合。再加上宋朝军队已有好多年没打仗，将士都缺乏训练。相比之下，西夏的军队却是统一指挥，机动灵活，训练有素，战斗力强，因此宋军总是吃败仗。

天授礼法延祚三年（公元1040年），元昊亲自带兵进犯延州（今陕西延安）。于是宋夏之间的第一次战争正式爆发了。驻守延州的宋将叫范雍，是个无能之辈，他见元昊来势凶猛，吓得不敢出城迎战。元昊见宋军龟缩在城内，一时攻不进去，便派出一些士兵去诈降，让他们做内应。

范雍不知是计，以为元昊军心不稳，既收留了诈降的西夏士兵，又放松了守城的措施。元昊乘机攻打延州，里应外合，很快攻下了延州城，杀死杀伤宋军一万多人，范雍带着些残兵落荒而逃。

退兵途中，元昊乘势夺取安远、栲栳、黑水等寨。自此，宋夏边境横山以南至延州一线均被西夏所得，宋朝西北屏障尽失。

## ◎ "小范"不可欺

宋仁宗闻此大怒，将范雍撤职，换上户部尚书夏竦为陕西都部署兼经略安抚使，加上韩琦、范仲淹为陕西经略安抚副使，共同组织对夏防务。为了解除对延州的威胁，宋朝出兵收复了金明塞。

范仲淹风尘仆仆来到前线，马上对边境上的军队建制作了一些改革。由于措施得力，训练扎实有效，使散漫疲沓、缺乏管理的宋军迅速提高了战斗力。

西夏将士看到宋军的面貌突然大变，而且防守严密，都十分惊奇，再也不敢轻易出兵了。他们一打听，才知道是范仲淹治军有方的结果。西夏兵士都不由得感叹道："小范老子（指范仲淹）胸中有雄兵数万，可不像大范老子（指范雍）那样好欺负了。"

🐉 三彩摩羯壶

西夏佛头

## 🕉 好水川胜利

第二年3月，元昊又亲率大军南侵。于是开始了夏宋之间的第二次大战。他打探到延州在范仲淹的布防下力量加强，不宜进攻，就挥军向渭州（今甘肃平凉县）杀去。坐镇渭州的韩琦，见西夏军到，就命大将任福领兵出击。

任福出发前，韩琦有些不放心，一再吩咐任福，说："元昊诡计多端，不好对付，你一定要小心，不要妄自深入，以免上他的当。"

任福领兵出了城，朝着西夏军马迎了上去。与西夏军一相遇，他发现西夏军人少，就命兵士奋勇出击。那些西夏兵一交手，似乎不堪一击，丢下战马、骆驼就跑。任福杀得性起，就忘了韩琦的嘱咐，在西夏军的后面紧追不舍，整整追了三天，来到了好水川（今宁夏隆德西）。这时，天已黑了下来。任福就让兵士就地休息，打算第二天再去追杀西夏军马。

第二天，任福领着兵马，沿着好水川继续追赶，一直追到六盘山下，仍不见西夏兵的人影。宋军将士又疲劳，又迷惑，正在彷徨之际，有个兵士就叫起来："将军，这里有几个泥盒子。"几个士兵七手八脚把泥盒子打开，突然，一百多只鸽子凌空飞起，在宋军的上空盘旋飞翔。

任福和将士们看着这些鸽子，一起都呆住了，不知是怎么回事。任福怔了一会儿，立刻就恍然大悟。这一定是元昊弄的鬼。他马上下令将士快退。可是已经来不及了。只听四面杀声阵阵，潜伏在山头林间的西夏军一齐杀出，那箭就像雨似的向宋军飞来。

原来，那小股西夏军就是元昊设下的诱饵，他在六盘山埋伏了十万精兵，并用鸽子作为信号。鸽子一飞，四下的西夏军像得到了命令似的，便一齐冲杀出来，将宋军紧紧围在好水川中间。

宋军被这突然袭击打得晕头转向，阵脚全乱了。他们各自为战，奋力抵抗。无奈几天的急行军已使兵士们十分疲累，又处在挨打的地形，更何况西夏兵以逸待劳，人数上又占绝对优势，宋军将士不是战死了，就是被逼到悬崖上摔死了。任福拼命厮杀，西夏兵近不了他身，就用箭射他。

最后，任福全身中了十几箭，也战死在阵地上。曾经有人劝任福突围逃跑，但他不肯，悲壮地说："我中了元昊奸计，遭此大败，心中实在有愧，只能以死报国了！"

好水川一役，宋军损失惨重，当韩琦率领人马去迎接撤退下来的败兵时，行至半路，就被数千名阵亡将士的父母妻子所阻。他们手捧死者旧衣，提着纸钱，拥到韩琦马头之前，放声大哭道："你们跟着招讨（指韩琦）出征，今天招讨回来了，你们却都死了，你们的魂魄也能跟着招讨一起回来吗？"面对这种悲恸的情景，韩琦悲羞交加，无言可答。

## ◎ 北宋一败涂地

元昊在好水川之战获得大胜后，继续向宋朝发动进攻。发起夏宋之间第三次战役——定川砦之战。宋廷方面，由于好水川惨败，不得不放弃主攻速战的策略，仍然回到守策上来。元昊知渭州王沿品位虽高，但却不谙边事，不懂军事，又腐败无能。于是确定了从西夏屯兵的天都山出发，南攻镇戎军，经渭州东南进入关中的军事行动方案，渭州就成为元昊第三次大规模进攻的矛头所指。

元昊大军出动的消息传到渭州时，王沿十分着急，忙派泾原路副总管葛怀敏率兵阻击。这次元昊仍然施展惯用的诱敌深入，聚而歼之的计策。他把葛怀敏所率的宋军引入定川砦，落入他布置的埋伏圈中。

当时正好大风骤起，天昏地黑，飞沙走石，宋军十分惊惧，阵脚大乱。西夏军趁天时之利，奋力冲击，宋军大溃，自相践踏，纷纷逃进定川砦。主将葛怀敏被士卒从乱军中救出，抬入砦中后才苏醒过来。

夜色笼罩的定川砦内，宋军将士惊魂未定，葛怀敏等束手无策，只有决定天亮后突围，退回镇戎军。

不料，元昊早就在定川砦返回镇戎军的长城边上截断壕路，布设重兵。宋军在逃回镇戎军的路上，又落入西夏军重围之中。在西夏军的猛攻之下，宋军全部崩溃。葛怀敏等诸将无一生还，部下九千余人及马匹辎重全部被西夏军俘获。元昊又乘定川砦一仗胜利之势，接着挥鞭南下，直抵渭州，驰骋六七百里而凯旋。在胜利的气氛中，元昊以皇帝的身份，用"诏书"告谕宋朝的关中居民，狂妄地宣称"朕今亲临渭水，直据长安"，表示他与宋朝皇帝已经平起平坐了。

栖霞舍利塔

# 西夏国的发展、建设

以落后民族为主建立的军事帝国，其本身也具有良好的艺术与文化。

## 西夏的艺术

西夏国的文士多诗词之作。一些通俗的劝世行善作品，常采用诗体形式。宋词人柳永的作品在夏国广泛游行。

大德五年（公元1139年），西夏国攻占府州（今陕西府谷）时，崇宗亲作《灵芝歌》，与濮王任忠相唱和。诗篇的石刻曾保存在兴庆府的孔庙里。

佛教艺术在西夏国有较突出的发展。现存的西夏文物中，佛画以佛、菩萨的画像为多，画风精致巧丽，与敦煌艺术有着些共同点；在姿态容貌的表现手法上，则与吐蕃画风相似。敦煌莫高窟、西千佛洞和安西榆林窟等处都保存有西夏时期的艺术作品。

榆林窟第一窟内的"水月观音"壁画，是造型艺术中的杰作。榆林窟内还有一些反映西夏国人民生活状况的壁画，如《打铁图》《酿酒图》《农耕图》等。党项人早期使用的乐器有琵琶、箫、笛等，以击缶为节。羌笛悠扬清越，最为流行。党项人也十分喜爱汉族歌曲。宋沈括有"万里羌人尽汉歌"句。

唐僖宗曾赏给拓跋思恭一部鼓吹乐，这是西夏人有完整乐队的开始。景宗时，汉族音乐在西夏国仍有深远的影响。

人庆五年（公元1148年），西夏国乐官李元儒曾参酌汉乐书更定音律。哈拉浩特出土了《刘知远诸宫调》残本，说明金朝汉人的说唱艺术也传到了西夏国。

西夏陵石刻

## 宗教流行

党项人原崇信鬼神和自然物，巫术流行。建国以后，西夏大力提倡佛教，李德明和西夏景宗都通晓佛学，多次从宋朝请来《大藏经》。此后，以西夏文翻译了大量佛经。西夏国境内庙宇遍布。景宗在兴庆府东建高台寺、鸣沙州建大佛寺。西夏毅宗的生母没藏氏曾出家为尼，在兴庆府戒坛寺受戒。她修建了承天寺，前后役使兵民达数万人。西夏崇宗在民安五年（公元1094年）重修凉州的护国寺感应塔，后又在甘州兴建崇庆寺和卧佛寺。在西夏国后期官署中设

西夏文木活字版印佛经

有僧众功德司、出家功德司、护法功德司。有不少高昌（今新疆吐鲁番）的大乘高僧来到西夏国宣教，他们都有颇高的佛学造诣，权势甚盛。约自景宗时起，喇嘛教在西夏国已见流行，朝中达官有的便是喇嘛教徒，后期影响更大。天盛十一年（公元1159年），吐蕃迦马迦举系教派初祖都松钦巴建立粗布寺，西夏仁宗遣使入藏奉迎。都松钦巴派他的大弟子格西藏琐布带着经像随使者来到西夏国，仁宗尊礼他为上师，大规模翻译佛经。

西夏国也流行道教。太子宁明从定仙山道士路修篁学辟谷法，丧命。大安七年（公元1081年）宋军对西夏大举进攻，西夏人散逃，西平府城里留下僧道数百人。据《马可·波罗游记》中记述西夏国除偶像教徒外，还有景教（基督教聂思脱里派）及伊斯兰教徒。

西夏人笃信巫术，称巫师为"厮乩"，或音译为"厮也"。出兵作战时，总要求巫师卜问吉凶。

## ⚛ 西夏文字

西夏建国时，西夏景宗元昊和野利仁荣等创制西夏文字，称"国书"。野利仁荣演绎为十二卷，是西夏最早的一部字书。西夏文模仿汉字，字形方整。字体也有草书、隶书、篆书。文字结构有全、左、右、干、头、下等区别。字体的创制，多用汉字六书的会意法。如闪为电旁、霹旁。也有类相从法，如属于丝织品的字自成一类。西夏文中有时还直接借用汉字，如圣字，字义和读音都作圣。但西夏文字多用左撇，

西夏文写本药书残页

无直钩，这又与汉字不同。西夏文字的创制，是西夏国进入阶级社会，建立国家的一个标志，同时也为西夏文化的形成和发展提供了必要的条件。

西夏国书创制后，公私文书都由国书书写，但汉字仍在西夏国通行。西夏国给宋朝的文书，多用西夏文和汉文并列书写。西夏国铸造的钱币也有国书和汉字两种文字。惠宗秉常时铸造的天赐宝钱、大安宝钱都是两种字同时并列，以利于在各民族间流通。现存西夏碑刻，如公元1094年凉州护国寺感应塔碑，也是西夏字和汉字同时并列刻石。随着西夏文字的广泛应用，西夏学者编纂了多种说明西夏字声韵、字义和结构的书籍。《音同》是按声排列的字汇，仿《切韵》的九音分类编辑，收入六千余字。《五声切韵》编排与《音同》一样，是仿司马光的《切韵指掌图》编纂的西夏字韵表。《文海杂类》也是按声排列的字典，每一字下都有解释，分别说明字体构成、字义、发音。《文海》的内容与《文海杂类》一样，但它是一种仿照《广韵》按韵排列的字典。梁义礼编的《义同一类》属于另一种类型，是一部大型的同义语字典。还有一种按字形和概念分类排列的字汇，如《杂字》《三才杂字》等，书中分天、地、人三部，以下再分小类，如"地"部分牛、羊、男服、女服、山、河海、宝、丝……这类字书收编字数不多，没有解释。元昊曾命人译《尔雅》《四言杂字》供番学之用。可能这些书是《四言杂字》一类的西夏字识字读本。另有一种字书名《要集》，每字下注有汉义，用西夏字表汉字音，兼有帮助学习汉文的用途。

公元1190年，骨勒茂才编的《番汉合时掌中珠》是一部西夏语汉语字典，也是按天地人"三才"分类，收编常用词，用汉字注"国书"的音、义，又用"国书"注汉义所用字的音。汉字注音难以准确，《掌中珠》采用了反切法，同时旁注"合""轻"等字以表示发音部位，说明编者力求审音精确，是一部优良的西夏汉字典。

# 战辽国

元昊毕竟是一个血性男儿，连年征战带给老百姓无穷的灾害。

## ⚇ 战争带给西夏的坏处

延州、好水川、定川砦三役的胜利，是元昊称帝后短短四年中辉煌的战功，这三仗，使元昊的统治地位更加巩固，在中国北方，宋、辽、西夏三足鼎立的局面也就确立起来。当然，战争给宋、西夏两国人民造成的苦难是深重的。

对西夏来说，由于战争，宋朝停止了榷场贸易和丰厚的"岁赐"，给党项居民的生产和生活带来不便，也使党项贵族暂时失去了一部分物质享受。西夏毕竟是小国，连年征战使西夏国内民穷财尽，人怨沸腾。从战争中俘获的财物尽归党项贵族，党项部众的厌战情绪日甚一日。

战争也使元昊清楚地看到，西夏要想战胜一个地广人众、历史悠久的宋朝，不是一件轻而易举的事。实际上，宋朝在陕西沿边各路布置的防务力量是难以全面突破的。于是，在三战取胜的有利形势下，元昊要寻求和平的可能了。因为和平对于西夏，无论在当时或在日后，都是有利的。

宋朝军队在这三次战争中充分暴露了自身的薄弱和混乱，宋廷在对西夏的军事策略上反复变化，也暴露了政治上的昏庸和无能。宋仁宗对西夏国在西北的崛起无可奈何，只好承认西夏的合法存在。

## ⚇ 与宋议和

在西夏与宋交涉的过程中，辽的态度起了催化剂的作用。宋、辽、西夏三足鼎立，各自都利用另外两方的对立和矛盾来保存自己，扩大自己。辽看到宋连战失败的情况，觉得有机可乘，便向宋敲诈。

辽借口与西夏有"甥舅之亲"，宋对西夏开战，为何不预先告知辽，还指责宋

金副元帅印

西夏褐釉剔花瓶

在与辽的边境上有挑衅破盟之意，向宋提出了割让晋阳（今山西太原市）和瓦桥关以南十县地方的要求。宋仁宗本来已经被西夏的问题弄得非常头疼，且一向畏惧辽兵，更不愿与辽再起战火，经辽这么一吓唬，马上就同意每年在交纳三十万岁币的旧额之外，增纳银十万两，绢十万匹，来满足辽的无理要求。

元昊看到辽未动一兵一卒就得到了如此丰厚的好处，十分生气，觉得辽明明是分享了自己的胜利果实。加上辽与西夏发生了争夺领属部族的纠纷，双方关系紧张起来。这也促使元昊加速与宋议和，以免处境孤立。西夏和宋的和议就在这样的形势下达成了。

天授礼法延祚七年（公元1044年）5月，宋夏达成了和议：宋朝承认元昊称帝，并正式封他为夏国王，西夏名义上仍对宋称臣。而宋朝每年要赠给西夏绢十三万匹，银五万两，茶两万斤。逢年过节和元昊的生日还得再加一大笔。宋王朝用大量钱财，买回了一时的苟安。

## 辽国兴兵

由于西夏感觉辽无故分享自己的胜利果实，西夏与辽之间表面上的"甥舅之亲"逐渐冷落，终于在天授礼法延祚七年（公元1044年）10月，双方关系破裂，爆发了战争。辽兴宗亲率骑兵十万，重元带骑兵七千，韩国王萧惠领骑兵六万，浩浩荡荡地出发，想一举彻底击垮元昊。

西夏、辽之间，以黄河相隔，无城堡可守。辽军入西夏后，长驱直入四百里，未受阻挡。元昊闻讯迎战，但抵挡不住，溃退下来。忙派人到辽军向辽兴宗奉表请罪，以为缓兵之计。

当元昊来到辽兴宗驻扎的河曲（今内蒙古伊克昭盟境）进谒辽兴宗时，辽军营中严兵暗伏，杀气萧肃。元昊只好一再表示诚意，连连称罪。在鼓乐声中，元昊亲奉卮酒为辽兴宗祝寿，并折箭为誓。辽兴宗也回赐元昊酒，许其改过自新。一场战争似乎就要烟消云散了。

正当辽兴宗要班师回朝时，韩国王萧惠却反对，他说："元昊已经忘却了我们辽国对他们的世恩，所以萌发了反叛的奸计。今天皇帝御驾亲征，大军齐集，是老天给我们的好机会，如果我们不乘此消灭他，将后悔莫及。现在既然已经集合了兵马，就应该加紧讨伐，千万不可允许议和。"元昊知道后，连忙命令西夏军连退三阵，以避辽军锋芒，每撤三十里，即令兵卒烧尽野草，使百里之地，尽成赭色。辽军虽有进展，但无粮无草，无法再战。辽兴宗看此情景，才答应与元昊讲和。

## ◎ 逼辽退让

这时，元昊看到辽军人困马乏，进退两难，却故意拖延时日，不肯立即议和。元昊估计辽军已经疲惫不堪，就下令突袭萧惠大营。不料辽军势众，一时不能攻克，元昊只好领兵退向河西。萧惠见西夏军败退，急命先锋从左右两翼钳夹。元昊连忙领兵突围，正在危急之时，老天爷帮了大忙，突然刮起大风，沙尘飞扬，辽军连眼都睁不开，纷纷夺路而逃，阵中大乱。

而西夏军因久习风沙，不畏天暗尘扬，元昊见势，即点集队伍，向辽军德胜寺南壁大营猛攻。辽军顿时大溃，辽兴宗仅得数骑保驾逃出，西夏军又攻破辽军数营，得军器辎重无数。

元昊在河曲德胜寺南壁一仗取得大胜之后，就"胜中求和"，立刻遣使与辽谈判。因为元昊知道自己的实力终究是不如辽国的。他还破例地免除对被俘的辽国驸马萧胡靓施用"劓鼻"之刑，将他释放回辽。西夏、辽于是很快达成和议，决定互为承认，互不侵犯。对元昊来说，南壁之战取胜的成果，主要在于使辽朝正视西夏的军事实力，承认西夏的政治独立。

❀ 西夏人众生相

# 分国之乱

西夏晚期经历过一次国家分裂的动荡，制造分裂的罪魁就是宋朝降将任得敬。

## 汉人得势

任得敬原为宋朝西安州（今宁夏海原县西）的通判。西夏兵进攻宋境时，任得敬率兵降夏，得到西夏的重用。任得敬为了巩固其在西夏的地位，把女儿进献给乾顺帝为妃，并通过贿赂朝官，巴结权贵，使他的女儿得以立为皇后。夏仁宗初立时，任得敬多次领兵镇压契丹萧合达和哆讹等为首的党项起义，军事力量日益壮大，被封为西平公，以外戚而握重兵，成为权倾一时的军阀。

权力的增大难免导致野心的膨胀。公元1147年，任得敬上表请求自西平入朝，企图进入西夏权力中枢，直接参预国政。御史大夫热辣公济等人向皇帝进谏道："从古外戚擅权，国无不乱。得敬虽为皇亲，毕竟是个汉人，非我族类，难保其没有二心。"濮王仁忠也反对得敬进京。仁宗听从了他们的意见，不准任得敬入朝。

次年，濮王仁忠病故，任得敬以金珠贿赂晋王察哥。在察哥的举荐下，仁宗召得敬为尚书令。后继升为中书令。公元1156年，晋王察哥死。任得敬被擢升为国相。一人得道，鸡犬升天。从此任氏家族成员先后入朝，成为当朝权贵。任得敬野心日炽，以其弟任得聪为殿前太尉；任得恭为兴庆府尹；又命族弟得仁为南院宣徽使；侄子任纯忠为枢密副都丞旨。任氏家族把持了西夏王朝的军政要职。

羽翼丰满的任得敬进而胁迫仁宗封他为楚王，从此出入仪仗几乎与皇帝不相上下。公元1165年，任得敬征发民夫十万，修筑灵州城，大兴土木，建造宫殿，其篡位的狼子野心已日益显露。任得敬的专横跋扈引起朝臣侧目，御史大夫热辣公济愤然上疏，斥责任得敬的胡作非为，请予罢斥。任得敬大

鎏鹿纹皮囊

怒，企图谋害热辣公济。朝中反对任氏的大臣和宗室无不遭到任得敬的报复迫害。

### ⚫ 自掘坟墓

公元1170年闰5月，任得敬公然向夏仁宗提出"分国"，要求仁宗分一半国土归他统治。因任得敬握有军权，仁宗被迫将西南路、灵州和罗庞岭一带区域划归楚王。

任得敬又胁迫夏主派遣使者奏报金国，为其请求册封。

金世宗询问朝臣意见，尚书李石等人说："这是西夏内政，我们不必干预，承认楚国，册封任得敬也未必不可。"金世宗大摇其头

🦋 西夏王妃供养图

道："一国之主岂肯无故将国土分与他人，这一定是受到权臣威逼，非夏主本意。何况西夏国向我称藩多年，如今受到贼臣的胁迫，我身为四海主，岂能坐视不管。如果西夏主不能自立，我当发兵帮助他镇压叛臣！"

金世宗于是退回夏国的贡物，拒绝承认楚国，还给夏仁宗下诏，表示将遣使前往西夏调查事件真相。

任得敬遭到金朝的拒绝，便转而向宋献媚，企望附宋以自立。公元1170年8月，任得敬密通宋朝，宋四川宣抚使虞允文派密使以蜡丸书回信，相约夹攻金人。

宋密使被西夏国捕获。仁宗掌握了任得敬搞阴谋的证据，将蜡丸密信送达金国，同时设计先诱捕任得聪、任得仁等，进而将任得敬及其党羽全部诛杀。

一场分裂阴谋最终以失败而告终，西夏政权终于转危为安。

# 西夏亡国

西夏国自仁宗以后国势由盛转衰，于此同时，成吉思汗正崛起于蒙古草原。

## ◎ 接连不断的战争

　　蒙古长期受到金朝的压迫，对金恨之入骨。成吉思汗早就准备与金国决一死战，但要进攻金国，他又担心受到称藩于金的西夏的牵制，所以决定先拿西夏开刀。

　　公元1205年，铁木真亲率铁骑南伐西夏，3月，蒙古军攻破西夏力吉里寨。四月，蒙古军经过西夏落思城，大肆抢掠。因恐天气太热，蒙古军退兵。夏桓宗下令修复各地遭破坏的城池，大赦境内，把都城兴庆府改名为中兴府。但桓宗并没能中兴夏国。

　　公元1206年，镇夷郡王安全废黜桓宗，自立为帝，是为襄宗。公元1207年秋，成吉思汗借口西夏不对他纳贡，又一次领兵兴师问罪，占领要地斡罗孩城。后因军粮匮乏，自动撤兵。公元1209年，成吉思汗再度进击西夏。蒙古军自黑水城北攻入夏境。

　　夏襄宗以皇子承祯为主帅，大都督府令公高逸为副帅，率兵拒守。西夏兵不堪一击，高逸被俘，不屈而死。蒙古军乘胜南进，直抵中兴府的外围要塞克夷门。蒙古军初战不利，后乘西夏军懈弛，伏兵擒获西夏军新帅嵬名令公，一直攻到中兴府城下，将府城团团围住。

　　襄宗亲督将士坚守城池，蒙古军一时无法破城。时值九月，大雨滂沱，河水暴涨。蒙古军引黄河水灌城，淹死不少西夏兵民。襄宗向金朝求援，金帝对左右说："敌人相攻，我乐得坐山观虎斗。"拒不出兵。宋、辽、西夏的主要战场12月

鎏金银戏童大带

大河决堤，城墙被水浸蚀，岌岌可危。河水四溢，蒙古军也为水所淹，成吉思汗只得下令撤围。同时派西夏战俘入城招降。襄宗将女儿献给成吉思汗求和，蒙古军这才退兵。

西夏武士复原图

## 危在旦夕

公元1211年，西夏再度发生政变，皇室齐王遵顼废襄宗，继立为帝，是为神宗。神宗采取附蒙抗金的对外政策，多次跟随蒙古进攻金国，但并没能因此而摆脱自身的困境。

公元1217年，成吉思汗第四次进攻西夏，神宗仓皇出逃。后来只得将帝位传给次子德旺。献宗德旺转而采取联金抗蒙的战略。

公元1226年春，成吉思汗亲领大军攻打西夏，西夏军民虽奋力抗战，到底难敌蒙古铁骑。蒙古军攻城略地，长驱直入。献宗惊恐而死，侄儿南平王被拥立继位，此时的西夏已危在旦夕。

公元1226年11月，成吉思汗率兵包围灵州，夏将奋勇抵抗，战斗空前惨烈，灵州被蒙古军攻克。公元1227年春，中兴府再度被围，外援断绝，城中粮尽，丞相高良惠病死，地震又将宫室震坏，帝走投无路只得向成吉思汗请降。

此时成吉思汗已重病在身，他允许帝一月后献城。7月，成吉思汗病死于行宫。夏主入蒙古军营晋谒，蒙将按成吉思汗的遗嘱将夏主杀死。然后进占中兴府，肆意杀掠，立国一百九十年的西夏王国就此灭亡。

## 西夏人的命运

成吉思汗誓灭西夏，"自唐兀惕人百姓之父母直至其子孙之子孙，尽殄无遗矣"。蒙古人血屠中兴府，无几人生还。西夏遗民去向不明，那么，西夏党项人是

🐉 祖州石室

否已被成吉思汗斩尽杀绝了呢？

许多史书都认为西夏作为蒙古伐金的牺牲品，已被成吉思汗斩尽杀绝了。但是经专家考证，西夏党项人并未被蒙古人消灭，其遗民仍有相当的数量。关于西夏遗民的去向，大概有三种。

## ◎ 入元为官

据成吉思汗对待投降者与抵抗者的不同态度，许多降蒙的西夏人甚至西夏军队都得以保存性命，并未遭到屠杀。许多人还在蒙古做了大官，人数竟达二百人之多。

如成吉思汗第三次征讨西夏，当蒙古军围攻肃州（今酒泉）之时，久攻不下，成吉思汗"有旨尽屠之"。而肃州守将是在蒙古任职的昔里钤部的兄长，昔里钤部怕城破之后全家被屠，向成吉思汗请求赦免。其家人在肃州坚持不住之际，"率豪杰之士，出城以献"。肃州被攻克后，全城被屠，唯昔里钤部的家人及亲族一百零六户幸免。

以此可知，西夏灭亡之时，被"殄灭无遗"的只是中兴府的百姓及西夏皇族，并非全部西夏人民。如在"黑水堀"曾抵抗过成吉思汗的西夏名将高令公良惠之孙高智耀，在元朝曾做到了翰林学士，而西夏皇室李惟忠之子李恒在元朝初期曾任湖广行省平章之职。

元朝后期，被封夏国公的余阙曾任淮南行省右丞都元帅，当时他所率领的军队"皆夏人，人面多黧黑，善骑射"，可见成吉思汗时期投降的西夏军队还一直被蒙古人重用着。从以上例子看来，西夏人还应存在许多。

## 🐉 另谋生路

　　成吉思汗的屠杀毕竟使得西夏百姓心胆俱碎，另寻生路。大量的西夏平民外迁他地以避战祸。据考查，在今四川甘孜藏族自治州木雅地区，曾有被当地藏人称为"西吴王"的首领建立的封建政权，这些人被认为是一支从事畜牧业的西夏人逃出西夏，南渡洮河，越过松潘长地，千里跋涉至此。而"西吴王"据考应是"西夏王"的对音。除此之外，根据西夏文壁铭等文物古迹考证，在今山西、河北等地也有西夏的后裔。如公元1345年在居庸关石壁上曾刻有六种文字，其中便有西夏文，据考，当时主持西夏文译写的智妙咩布和那征师两人均为党项族人。而在保定城北发掘出刻有西夏文的"胜相幢"，据这座建于明代的幢上的文字记载：建此幢者以及寺院住持等人，是"八十多个西夏人"。

　　从以上几例来看，大部分西夏人纷纷外迁他乡，以避战乱，并非被成吉思汗斩尽杀绝。

## 🐉 野火烧不尽

　　因金与西夏联盟抗蒙，所以当蒙古人灭亡西夏之时，有许多西夏遗民投奔了金朝。据《金史·西夏传》记载，确有西夏人投奔于金，受到安置。西夏人或投降、或外迁、或投金，已逃亡大半，留下的人寥寥无几了。据王国维《观堂集林》所记，元成宗曾于大万寿寺雕刊西夏文的大藏经三千六百三十多卷，"施于宁夏永昌等路"，说明在今宁夏银川、甘肃武威一带还有不少西夏遗民。

　　通过以上种种例子来看，西夏还有大量的遗民。可见造成西夏万里无人的凄凉景象的原因，并不是成吉思汗屠杀西夏人，使其"尽殄无遗"了，而是因为西夏人被蒙古军的屠杀吓怕了，为求生存，以各种方式外迁他乡去了，所以才会造成西夏"国亡人尽"的虚假景象。一个曾立国近二百年之久的成熟民族应该具有强健的生命力，是不会轻易被人消灭掉的，只是由于战乱，才使得大部分西夏人背井离乡，流落各地。这是西夏人的悲哀，也是西夏民族的悲哀。

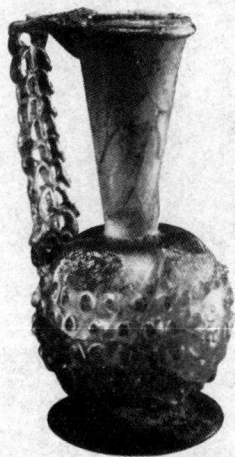

🐉 乳钉纹高颈玻璃瓶

# 金

公元1115年—公元1234年

# 辽金渊源

辽的统治者对其属下的民族是建立在统治和被统治关系之上的。

## 🏵 压迫下的反抗

由于辽朝比女真人经济、文化先进，也曾对女真人的发展起过一定的刺激和促进作用。作为辽属下的女真人也曾利用这种有利条件来发展自己。《三朝北盟会编》卷三，就记载金主阿骨打"外则多市金珠良马，岁时进奉，赂遣权贵，以通情好者，如此十余年"。

辽末，契丹统治者已极端腐败。他们除每年向女真征求贡马万匹等物以外，还从其他方面加紧对女真人奴役和勒索，造成女真人的极大灾难。辽在宁江州设有榷场，女真人以北珠、人参、生金、松实、白附子、蜜蜡、麻布等土产在宁江州市场交换，契丹统治者则经常以强力掠夺女真土特产品，或者在交换过程中"低其直，且拘辱之，谓之打女真"。

女真每年以北珠、貂皮、良犬、俊鹰、海东青朝贡于辽。海东青是一种小而强健的猎鹰，善于捉捕天鹅，以白爪者为最珍贵，盛产在黑龙江下游近海地方。契丹皇帝与贵族最好打猎，酷爱海东青，"每岁大寒，必命女直发甲马数百至五国界取之，往往争战而得，国人厌苦"。到辽末天祚帝时，"责贡尤苛"，女真人不堪其扰，经常"执杀捕鹰使者，示与辽绝"。

女真人也经常遭受辽沿边诸将的无理掠夺，如东京留守、黄龙府尹等，"每到官，各管女真部族，依例科敛，拜奉礼物，各有等差，所司弊幸百出"。

女真人在这种惨无人道的压榨下，忍无可忍，因而愤怒和反抗。这完全是由于辽统治者的民族压迫和剥削的政策所造成的。

## 🏵 头鱼宴

契丹原为游牧民族，四季游牧射猎，迁徙不定，"秋冬违寒，春夏避暑"，"四时各有行之所"。《文昌杂录》说：捺钵"是契丹家语，犹言行在也"，因之也叫做"四时捺钵"。这种基于游牧射猎的需要，按照气候季节和外界的条件顺时移动，以从事生活和生产活动。不独契丹人如此，许多游牧民族也都如此。四时捺钵唯夏冬两季朝理国事，《辽史》卷三十二《营卫志》："五月，纳凉行在所，南、北臣僚会议。十月，坐冬行在所，亦如之"。

《辽史》卷九十三《萧惠传》：兴宗重熙十九年，萧惠请老，"诏冬夏赴行在，参决疑议"。又天祚帝乾统六年（公元1160年），耶律淳袭父（和鲁斡）守南京，"冬夏入朝，宠冠诸王"。这里所说的"冬夏赴行在"、"冬夏入朝"，均指夏冬捺钵南北臣僚会议，讨论军国大政。接待使臣也在当时游猎的行在所，如宋真宗大中祥符六年（公元1013年），晁迥使契丹，见辽圣宗于长泊，观其捕鹅鸭。宋仁宗庆历中，辽兴宗在混同江钓鱼之际接见宋使王拱辰，"宴君觊于混融江（即混同江），观钓鱼"。可见四时捺钵的行在所是辽的政治中心。

今吉林省的西北部地区，是辽朝皇帝春捺钵的场所。辽朝皇帝经常在春季到长春州、长春河、鸭子河（太平四年2月，"诏改鸭子河曰混同江"）、鸭子河泺、鱼

寄锦图

广惠寺花塔

儿泺等处钓鱼、捕鹅以行乐。《辽史》卷三十二《营卫志》记载："春捺钵：曰鸭子河泺。皇帝正月上旬起牙帐，约六十日方至。天鹅未至，卓帐冰上，凿冰取鱼。冰泮，乃纵鹰鹘捕鹅雁。晨出暮归，从事弋猎"。每当春猎之季，还必须举行一次盛大宴会，叫做头鱼宴、头鹅宴。

## 天生一个阿骨打

辽天祚帝，天庆二年（公元1112年）正月，如鸭子河，二月如春州，幸混同江钓鱼，"界外生女真诸将在千里内者，以故事皆来朝"。这时阿骨打也按旧例来朝献方物，参加天祚帝举行的头鱼宴会。

在宴会上天祚帝命令部酋长次第歌舞，当轮到阿骨打时，他端立正视，以不会歌舞拒绝接受天祚帝的命令。这表现了阿骨打对天祚帝的不满和反抗。从此，反辽、抗辽和灭辽的重任也就落在这位"意气雄豪"的阿骨打身上了，完颜阿骨打也就成为中国历史上又一位开国之君。

# 阿骨打反辽

金国的建立者完颜阿骨打，不仅武艺娴熟，而且颇有心计。

## ❀ 厉兵秣马

　　辽对"生女真"的控制与防御很严。《辽史》卷十七《圣宗纪》太平六年（公元1026年），"二月己酉，以迷离己同知枢密院，黄翩为兵马都部署，达骨只副之，赫石为都监，引军城混同江、疏木河之间。黄龙府请建堡障三、烽台十，诏以农隙筑之"。《松漠纪闻》也曾谈到此处障寨，"契丹从宾州混同江北八十余里筑寨而守，余尝从宾州渡江过其寨"。阿骨打在天庆二年（公元1112年）2月头鱼宴前，即吞并傍近诸部，"力农积粟，练兵牧马"，不断壮大自己，头鱼宴后，又从各方面进行准备，以便一举战败辽朝。

## ❀ 首败强辽

　　天庆四年（公元1114年）9月，阿骨打组织和发动了反辽斗争，进军宁江州，次寥晦城。与诸路兵约两千五百人会于来流水（今吉林省扶余县石碑崴子屯），起兵反辽。并在这里举行誓师大会，阿骨打首先控诉辽统治者的罪状，说："世事辽国，恪修职贡，定乌春、窝谋罕之乱，破萧海里之众，有功不省，而侵侮是加。罪人阿疏，屡请不遣。今将问罪于辽，天地其鉴佑之。"接着命令诸将传梃而誓。誓师之后，便率军向辽控制女真族的前哨军事重地宁江州进攻。

　　正当阿骨打率军进取宁江州时，天祚帝适在庆州秋山射鹿，听到东北路统军司来报女真起兵时，天祚帝并不在意，遣海州刺史高仙寿统渤海军应援。这时宁江州是由东北路副都统萧挞不野（即萧

❀ 铜虎符

兀纳）督渤海及宁江州军守备着。但在宁江州的契丹人和各族人，不但无意抵抗，反而对来攻的女真人表示高兴，曾有人在市上狂声歌道："辽国且亡！"派人追捕，则连喊"且亡"，进入山中不见。

当女真军进攻到辽界时，阿骨打在同辽军作战中，命令将士说："尽敌而止。""众从之，勇气自倍。敌大奔，相蹂践死者十七八"。及至江州，诸军填堑攻城，10月遂攻下宁江州城，并俘获辽防御使大药师奴。阿骨打在军事进攻同时，还利用契丹、渤海人民反辽统治者的情绪，把被俘的大药师奴，暗中放回招谕辽人，并召渤海梁福、斡答剌回去招谕其家乡的渤海人，还派遣完颜娄室去招谕系辽籍女真。这样，阿骨打把军事进攻与政治进攻结合起来，有力地壮大了抗辽的力量。攻破宁江州，是女真族反辽压迫斗争取得的第一次重大胜利，极大地鼓舞了女真军的士气，增强了女真军推翻辽统治的信心。因此这里成为女真族传颂的胜利战地，世宗时曾在这里建"大金得胜陀颂碑"，以为纪念。

## ⊛ 再克敌军

当女真军攻下宁江州时，腐败无能而又只图贪乐的天祚帝，正想从庆州秋山到显州冬山去狩猎，当辽军败北的消息传来后，不得不中止去冬山狩猎的打算，立即召集群臣讨论对策。十月，以守司空萧嗣先为东北路都统，静江军节度使萧挞不野为副，发契丹、奚军三千人，中京禁兵及土豪两千人，别选诸路武勇两千人，总计七千余人，以虞侯崔公义为都押官，控鹤指挥邢颖为副，引军屯出河店。出河店在鸭子河北，距鸭子河五里。

这时女真军与辽军隔江对垒，女真军在11月潜渡混同江（即鸭子河），乘辽军不备而袭之。辽东北路都统萧嗣先军首先被击溃，嗣先在其兄奉先的阴谋掩护下，仅免其官，而战士无斗志，望风奔溃。辽罢萧嗣先官后，以萧敌里为都统，萧敌里

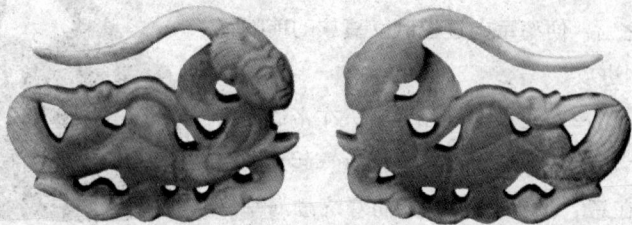

飞天纹玉耳饰

等收拾败军营于斡邻泺东，又被女真军所袭，士卒死者甚众。《金史》卷二《太祖纪》记载：女真军"逐至斡论泺（即《辽史》的斡邻泺），杀获首虏及车马甲兵珍玩不可胜计，遍赐官属将士，燕犒弥日。辽人尝言女直兵若满万则不可敌，至是始满万云"。接着又攻下宾州、祥州，完颜娄室也攻克了咸州。这样在军事上形成直捣黄龙府的形势。

## 🌀 开创帝业

随着统一的女真民族初步形成，为了反抗和摆脱辽朝对本族的奴役和向本族外寻求发展和扩大奴隶制的新途径，反辽斗争的初步胜利，更加刺激了女真新兴奴隶主集团建立这种机关的强烈愿望。公元1113年，阿骨打出兵得胜，射死辽将耶律谢十后，国相撒改派其长子宗翰和欢都子完颜希尹向阿骨打建言立国称帝，后来吴乞买、撒改、辞不失等又率官属进言上尊号。

中京大明塔

与此同时，也得到渤海人的支持和帮助。杨朴是铁州渤海人，进士出身，官做到秘书郎。他劝阿骨打说："匠者与人规矩，不能使人必巧；师者人之模范，不能使人必行。大王创兴师旅，当变家为国，图霸天下，谋为万乘之国，非千乘所能比也。诸部兵众皆归大王，今力可拔山填海，而不能革故鼎新，愿大王册帝号，封诸蕃，传檄响应，千里而定。东接海隅，南连大宋，西通西夏，北安辽国之民，建万世之磁基，兴帝王之社稷，行之有疑，则祸如发矢，大王何如？"

阿骨打听了甚是高兴，吴乞买等女真大贵族也都以杨朴的话为是，于在公元1115年元旦阿骨打即帝位，国号大金，改元收国。阿骨打所建立的金王朝，标志着女真族奴隶制社会的确立，同时也标志着它即将代替辽朝实行全面的统治，它的发展在东北历史乃至整个中国历史上占有着重要的地位。

# 金国初期的统治

阿骨打是金王朝的主要开创者，他以新兴奴隶主贵族集团为主组成一个领导核心。

## 统治核心力量

金国统治集团的核心力量是以阿骨打家族兄弟为主，包括撒改、欢都两大系及其他宗室大臣所组成的。阿骨打即帝位后，以其同母弟吴乞买为储嗣，贰于国政，同母弟杲（斜也）任要职，并曾都统内外诸军事。异母弟阇母为将帅。阿骨打子宗望、宗干及吴乞买子宗磐也都是阿骨打家族中的强有力的人物。

以撒改、粘罕（宗翰）父子为主的一支（包括阿骨打家族以外的女真宗室贵族中的一些人物），是太祖、太宗一系以外权势最大的一支。撒改是景祖子劾者长子，自穆宗后为国相，是最有权势的一个家族。宗翰是撒改长子，斡鲁任为将帅，是撒改弟。这一家族与骨舍、阿离合懑等关系亲密。骨舍是肃宗孙，与宗翰共为谋主，参与国家大事，骨舍"与粘罕（宗翰）至相欢""粘罕兄事骨舍，在内则骨舍坐粘罕上，在外则粘罕坐骨舍上"。

在太祖时，二人用事，每有所为皆自专断，"以至命相命官亦专决，国中事非此二人不行"。阿离合懑，景祖第八子，是阿骨打即帝位的积极拥护者，收国元年（公元1115年）阿骨打即位时，阿离合懑与宗翰一起献耕具。他通晓女真祖宗旧俗法度，病时全部传给宗翰，及其子蒲里迭代为上奏，奏有误语，宗翰从旁为之改定，可见他们关系是极亲密的。蒲家奴（昱）劾孙子，银术可宗室子，娄室完颜部人，都属宗翰军将领。

欢都一系和太祖阿骨打关系最疏。欢都是贤石鲁孙，完颜部人。欢都事四君，出入四十年，"征伐之际

🦀 龙纹盘

遇敌则先战，广廷大议多用其谋"。在杯乃兄弟，醅腊、麻产以及宗室内部习烈、斜钵等争夺军事部落联盟领导权的斗争中，有辅佐保位之功。肃宗时"委任冠于近僚"；穆宗嗣位后，"凡图辽事皆专委之"；康宗以其为父叙旧人，"尤加敬礼，多所补益"。希尹是欢都子，其父子皆"有劳于国"。这一系实际上是凭功劳而得崇位的。

除撒改、欢都两大系外，还有习不失（辞不失）。习不失是昭祖孙，乌骨出次子。因功得到太祖信任，太祖每当伐辽时，命令习不失和吴乞买居守，"虽无方面功，而倚任与撒改比侔矣"。可见习不失也是当时统治核心中一支重要力量。

承安宝货

以阿骨打为首所构成的这个核心集团，他们有着共同的阶级利益，团结一致。宗翰"性特严酷残忍"，骨舍"刚毅忍杀"，希尹"奸猾"，他们是奴隶主的典型代表。

阿骨打就依靠这样一个集团，开创了女真族前所未有的业绩。

## ◎ 改革旧俗

阿骨打确立了由新兴奴隶主贵族组成的领导机构，其施政方针是：在基本上不改易"旧俗"的情况下，依照本国制度，以农为本，发展奴隶制。

他在即帝位时，就对支持他的新兴奴隶主说："吾虽处大位，未易改旧俗也。"

"旧俗"，并非与奴隶制相对立的氏族制的俗，而是早已在氏族社会中产生和发展，并对奴隶主有利的俗，即以此俗为依据对氏族制进行相适的改革。由这种"旧俗"而形成的奴隶制，即"本国制度"或"本朝旧制"。这也就是阿骨打以女真族奴隶制为本的治国思想。阿骨打在确立奴隶制占有关系中，进行了一系列社会改革。

## ◎ 勃极烈制

把都勃董、国相、勃董发展为中央统治的最高权力机构——勃极烈制。这种变革实际上就是把氏族制时的古老的贵族议事机构改造为新的统治机构。为此，把部落联盟的最高军事首领改称为皇帝，确定皇帝为全国最高的统治者。皇位继承没有

素中有奇的青瓷壶

采取嫡长子继承制，而是兄终弟及，虽然仍保留某些推选的残迹，但实际上只是一种形式，皇位继承已牢固地掌握在一个家族手中。

收国元年（公元1115年）7月，始正式把国相制与勃堇结合，确定中央统治机构的官职名称。以其弟吴乞买为请班勃极烈，以国相撒改为国论勃极烈（7月又改为国论忽鲁勃极烈），辞不失为阿买勃极烈，弟斜也为国论昃勃极烈，9月以阿离合懑为国论乙室勃极烈，收国二年（公元1116年）5月见迭勃极烈斡鲁。天辅六年（公元1122年）正君臣之礼，以昃勃极烈斜也为忽鲁勃极烈，蒲家奴为昃勃极烈，宗翰为移赉勃极烈。太祖时除阿舍勃极烈未设外，其他均置。

## 改猛安谋克为地方行政组织

猛安谋克原是一种军事组织，太祖嗣位为都勃极烈的第二年，"初命诸路以三百户为谋克，十谋克为猛安""一如郡县置吏之法"。把领兵的千夫长、百夫长改革为受封的地方领地、领户之长，这是对旧氏族制的一个重大改革。与此同时，猛安谋克已与地域性组织的村寨结合起来，这就最后以地缘代替了血缘的氏族组织。

猛安谋克土地的分配与占有形式是牛头地，亦称牛具税地。天辅五年（公元1121年）2月，"遣昱及宗雄分诸路猛安谋克之民万户屯泰州，以婆卢火统之，赐耕牛五十"。这应是按耒牛人口分田屯种的牛头地办法来实行的。

另外以猛安谋克组织其他降附地区的人民。收国二年（公元1116年）5月，东京州县及南路系辽女真都已降附"诏除辽法，省税赋，置猛安谋克一如本朝之制"。这是以猛安谋克改编辽东汉人和渤海人。其后抚定奚及分南路边界，"依东京渤海列置千户谋克"，复以遥挚九营为九猛安。

## 法律与文化

阿骨打确定新的法制。《金史》卷四十五《刑志》记载：金之初法制简易，没有轻重贵贱的区别，"刑、赎并行，此可施诸新国"。掘地深广各数丈为监狱，以囚禁罪人。

金统治者还禁止同姓为婚。天辅元年（公元1117年）5月，“诏自收宁江州已后，同姓为婚者，杖而离之”。这是女真族宗族观念和人伦观发展支配的结果，更主要的是“男女同姓，其婚不繁”，因此可以认为是发展本民族的一项有利措施，也是对氏族血缘支配关系的一个打击。

金初法制，还保有氏族制时期某些平等原则，即所谓“无贵贱之别”。但实质在女真族的人民与奴隶之间，贵贱分别是很清楚的。法制的规定，一方面为满足奴隶主贵族对财产和奴隶占有的需求；另一方面，对女真平民则又实行保护其自身利益的政策，防止其破产和沦为奴隶，减少和削弱国家兵力的来源。就这个意义讲，其初还保留贵族与平民间某些平等对待，而对奴隶却毫无法制的保护了。“刑、赎并行”是金朝初期女真族法制的一个特点，赎法来源于原始社会末期出现的赎身制度，是在无损奴隶主而又为保护平民的旨意下实行的，用以巩固奴隶制的统治。

女真初无文字，与邻族交往借用契丹字。建国后，阿骨打命令欢都子完颜希尹创造女真文字。女真文字是根据汉字改制的契丹字拼写女真语言而制成的。从此女真字始为全国官方通行文字。

## 日益发展

金王朝的建立，是女真族奴隶制发展的结果，也是奴隶制国家代替氏族制的开始。阿骨打建立金王朝后，就确定了发展奴隶制社会的方针，同时为巩固统治也采取了一系列改革，基本上使奴隶制占有关系从各方面确立起来，并随着战争的发展而日益扩大和巩固。

贵族饰物列鞢

# 蒙金结怨

金国在其发展后期，因为用兵不断，所以对蒙古之类的部落采取怀柔政策。

## 合不勒汗

合不勒汗是第一个统一蒙古族各部的首领，被推举为蒙古族的可汗，金国为拉拢他，曾请他去金都（今北京）赴宴，这个狂傲的蒙古人竟乘酒兴摸着金朝皇帝的胡须大笑大叫，差点招致杀身之祸，并从此与金国结下了仇冤。

被尊为蒙古历史上的第一位可汗的海都的孙子屯必乃有九个聪明、能干、勇敢的儿子，每一个都有人数达十万人的部落。他的子孙继承了孛儿只斤的姓氏，成为有声望的分支和部落的始祖。

合不勒是屯必乃的第六个儿子，是成吉思汗的第五世祖——曾叔祖。

《蒙兀儿史记》中说："合不勒汗威望甚盛，部众归心。想昆必勒格卒后，合不勒代领其众，并辖蒙兀全部。于是始有可汗之号。"合不勒是统一蒙古族各部的第一人，也是蒙古族的第一位可汗（海都的第一可汗显然是后人追赠的）。因此道润梯步在新译《蒙古秘史》中说："合不勒汗是初建蒙古国的人。"金朝封其为王，不受，自称太祖元明皇帝，史书均有此记载。蒙古族部落的统一强大，引起了统治蒙古草原的金国统治者的关注。

## 宴会风波

金国是女真族建立的政权，当时进占中原正与南宋作战，对草原各部既恨又怕，于是设"招讨司"，实行"招怀降附、征战携离"的又拉又打的政策。因此当发现蒙古部渐渐强大又难以一下子制服的时候，便采取了拉拢安抚的策略。

当时金国统治者是金熙宗完颜直，他"想在双

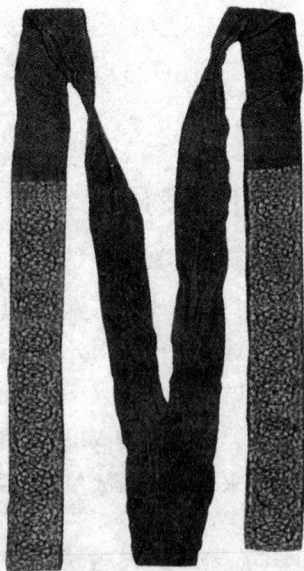

浅棕色金罗腰带

紫地云鹤金锦绵袍

方之间开辟出一条团结友好的大道，便派了些使者去邀请他。"合不勒汗一听，欣然前往。金人"端来了各式各样美味的食物和无数可口的饮料"热情款待了他。令金人吃惊的是，这个粗鲁的蒙古人竟吃下了几个人的食物，金人以为奇。殊不知，合不勒汗素闻金人诡计多端，怕在自己的食物中下毒，每当吃了些许酒食之后，"借着出外松快松快的名义，不时走到外面来……沉到水里，仿佛为了解除暑热……在水下潜伏着，将食物全部吐出来，再回到金帝处，照常吃了许多食物，喝了许多酒。"但百密一疏，合不勒汗一次饮宴疏忽大意，喝醉了酒，酩酊大醉之中，忘记了金国的礼仪规矩，随着蒙古人豪放的性子，拍着巴掌跳起蒙古舞来。兴致所致，竟然走上前捋着金熙宗的胡子又笑又叫，完全乱了君臣礼仪。金熙宗被弄得哭笑不得，大臣们气愤不过，却无法进谏。金熙宗有心笼络他，因此笑着将这不敬的行为当作开玩笑和友好的嬉闹，认为对于野蛮人不必讲求礼貌规矩。其实，金熙宗是怕合不勒汗的长幼宗亲会因杀死其可汗的仇恨而引发战争，使得北疆不得安宁。在合不勒汗临走时又赐给他"许多金子、宝石和衣服"，并"极其尊敬和彬彬有礼地将他送了回去"。

## 🔆 小事化大

合不勒汗一走，群臣纷纷恶言以告，"若纵此人，且为边患"。金熙宗被说动了心，马上派人请合不勒汗回朝，准备杀他。但合不勒汗已预感到事情不妙，于是躲开了追来的使者。但不幸的是金使在回朝复命的路上又遇到了合不勒汗，遂将他绑了。合不勒汗的义兄弟撒勒只兀台偷偷将一匹好马送他，放他走了。合不勒汗"放开缰绳，骑着马疾驰而去"。敌人一直追到了合不勒汗家中，合不勒汗没有护卫军，只好躲进了儿媳的帐幕。在儿媳和仆役们的帮助下，杀死了那些金朝使者。金熙宗闻讯大怒，命胡沙虎率大军讨伐合不勒汗，被合不勒汗大败于海岭（今齐齐哈尔西），金蒙从此结下了几代冤仇。

银龙槎

# 金王朝的回光返照

完颜守绪（金哀宗），乳名宁甲速，轮到他做皇帝的时候，只能说生逢末世，国家已经处于危亡旦夕之间。

## 临危承位

完颜守绪是宣宗的第三个儿子，章宗承安三年（公元1198年）8月23日生。其母亲与姨妈共同侍奉宣宗，母亲为妃，姨妈为王后，因王后无子，遂收宁甲速为养子。

卫绍王泰和年间，宁甲速被授金紫光禄大夫。宣宗登极之后，晋封为遂王，并任秘书监，后改为枢密使，总揽全国军政。宁甲速性情宽和、仁慈，喜好读书，学识也很渊博，古今治乱战争之事，谈起来滔滔不绝。他才华横溢，写得一手好文章，因而深得宣宗的偏爱，在皇太子守忠和太孙完颜铿相继夭折后，宁甲速便被立为皇太子，并赐名为守绪，意思是让完颜守绪能在金朝风雨飘摇中保住祖宗基业。

元光二年（公元1223年）12月的一天，宣宗病危。入夜时分，近臣们都纷纷退去，隆德殿内只有前朝资明夫人郑氏在宣宗身边伺候。郑氏年老，比较可靠，宣宗感到自己已经不行了，便把郑氏招到身旁，用微弱的声音断断续续地说："赶快去将太子叫来主持后事。"说完便溘然长逝了。当天夜里，皇后和庞贵妃到皇帝的寝室问安。

这庞氏为人阴险狡诈，她的儿子守纯比守绪年长，但没被立为太子，庞氏因此积怨在心，常常闷闷不乐。郑氏深知内情，怕她趁宣宗崩逝的时机策动变乱，便说："皇帝正在更衣，请皇后贵妃先到那边房间去稍事歇息吧。"后、妃二人不知是计，信以为真，等她们二人走进房间，郑氏赶忙将房门反锁上，并立即召集大臣传达皇上遗诏立太子为皇帝。

等太子守绪入宫的时候，英王守纯早已赶到，他对守绪继位很不服气。隆德殿上剑拔弩张，气氛相当紧张。这时太子守绪当机立断，命令枢密院官及东宫亲卫军三万人屯于东华门街，另派四名护卫人员将守纯监禁在近侍局中。一切安排妥后，这才打开房门将后、妃二人放出来为宣宗发丧。太子便在宣宗的梓椽前奉遗诏即皇帝位，改年号为正大。

## 励精图治

完颜守绪即位的时候，金国处在内外交困之时。北边，蒙古成吉思汗的铁骑早已踏遍太行山，饮马黄河。南边，重开与南宋的战事，遇到南宋军民的顽强抵抗，金朝陷入了宋蒙南北夹击的困境之中。在金国内部，各地反抗金朝统治的起义不断发生。

面对如此局面，完颜守绪却没有因此消沉怯懦，坐等灭亡，而是临危不乱，锐志不丧，励精图治，企图挽救金朝于垂危之中。他首先从整顿纲纪入手。即位后，立即下诏，大赦天下，强调严明法纪，要求各级官吏按国家定制秉公办事，对那些有法不依、徇私情而破坏法纪、使无辜之人枉遭刑罚的贪官酷吏，将以故意陷害他人的罪名严加追究。

有一次，内族人王家努无故杀死鲜于丰簿，完颜守绪得知此事后非常气愤，他说："英王是我哥哥，他无故鞭打哪一个人了吗？我作为一国之君，敢随便杀害一个无罪的人了吗？现在正值国家衰弱的时刻，能有多少生灵啊！而你却依仗皇家权势随便杀死一个主簿，真是无法无天了！"他下令将王家努斩首。

完颜守绪认为，要治理好国家，除严明法纪之外，还必须广开言路，鼓励官民为国家大事献计献策。他在诏书中说："上自文武官吏，下至黎民百姓，允许你们对国家军政大事的利弊发表意见，只管直言不讳，不必有任何顾虑，哪怕是讥讽当朝、一无可取之处也不要紧，决不会因此定罪的。"

## 也算是好皇帝

正大元年（公元1224年）正月的一天，文武百官集于隆德殿内，正在举行盛大的典礼和宴会。殿外有一男子，身穿麻布，望着承天门大笑一阵，又大哭一场。有人问他为什么又哭又笑，他说："我笑，是笑朝中将相无人；我哭，是哭全国行将灭亡了！"禁卫听了，当场将这人拿下，上奏皇帝，请求处置。隆德殿内群臣义愤，有人主张将此人处死，完颜守绪坚持说："不能这样做。最近朕诏告于天下，令全国百姓直言军国利害，即使是讥讪之辞，也不坐罚。若有什么话，让他说完；若没有的话，就让他走吧。"法司无奈，将那人赶走了事。这件事一传开，人们看到皇上说话算数，真正不以言论治罪，上书议国事、提建议的人日益多了起来，使皇帝"圣听"渐明。

当时朝中有两大奸臣，分别是蒲察合住和庞古华山，他们为政苛刻，利用手中权力营私舞弊，敲诈勒索，专横跋扈，朝野一片怨恨。完颜守绪顺应民意，首先将这两个奸臣逐出京城，不久又将他们处死。消息传出，士大夫弹冠相庆，百姓无不称快。以此为契机，完颜守绪大力整顿吏治，一面斥退一批贪官污吏、无用之辈，一面任用一批抗蒙有功的将帅，分掌军政，组成一个以自己为中心的坚强领导核心。

## ◉ 延缓了金国灭亡的步伐

完颜守绪清楚地看到，刚刚崛起的蒙古国是金国最危险的敌人，为了救亡图存，必须集中全力抗蒙。然而，自宣宗重开与南宋之间的战争后，金朝陷入了腹背受敌的不利境地。为了改变这种局面，完颜守绪决定立即停止与宋的战争，集中兵力抗御强敌蒙古。

西夏这时名义上还是臣属金国，也遭到蒙古军队的侵扰。完颜守绪认为有必要同西夏联合起来，以加强与蒙古抗衡的力量。于是，他派使臣与西夏谈判。正大二年（公元1225年）9月，双方议和互不侵扰。调整好外交格局以后，完颜守绪先后派兵与蒙古军队作战。正大三年（公元1226年），他派兵进攻山西，经过一年的战斗，先后收复平阳、太原等重镇，斩蒙古守将多人，取得一定的胜利。完颜守绪下令为在抗蒙战斗中牺牲的将士建造褒忠庙，以示纪念。

次年六月，西夏灭亡。蒙古军解除了后顾之忧，便长驱入陕，完颜守绪在汴京（今河南开封）加紧募民为军，扩充实力，准备抗击蒙古军。

面对蒙古军的大规模进攻，金朝任命杨沃衍为泾、汾、陇三州节度使，他深得完颜守绪的赏识和重用，立志以身许国，他说："为人不为国家社稷献身，而为私家小事去死，不算大丈夫。"他来往于泾、邠、陇三州之间，鼓舞士气，安定民心，指挥作战，并亲自带领主力军迎战，多次战胜蒙古军，使蒙古军队不能前进。

正在这时，成吉思汗在甘肃清水县军中病逝。蒙古军队被迫撤退，汴京的危机暂时算是解除了。

🏵 藻井天花

# 困兽犹斗

窝阔台继位，加紧了对金的战争，金朝抗蒙斗争的形势更加艰苦了。

## 丢失河中府

正大八年（公元1231年）5月，蒙古军决定兵分三路，由窝阔台、斡陈那颜和拖雷率领，计划在次年春季三路大军合围汴京灭金。9日，蒙古军三路齐发，窝阔台率中军兵临河中府（今山西运城蒲州镇），拖雷军过凤翔（今陕西凤翔）南下。

完颜守绪急忙召集诸将商议抗蒙救亡的对策。枢密判官白华主张调陕西兵守河中。他说："与其到汉水去防御，不如直接往河中，黄河一日可渡。倘作战顺利，蒙古军去襄、汉地的军马必当迟疑不进，我们可以利用北方作战机会，使南方掣肘。"完颜合达自陕西上奏，也主张如此。

可是移剌蒲阿却有不同的看法，他说："如果北渡，蒙古兵必将放我们过河，然后断我归路，与之决战，这样对我们十分不利。"完颜守绪不能决断，所议无结果。合达、蒲阿两军仍往陕西，只派一支军马声援河中府。

不久，窝阔台果然猛攻河中府，守城金兵及援兵拼死守城，血战数月，12月初，终于力尽城破。

风雪松杉图

## 良将尽损

这时，拖雷率领的右路军四万人马，破宝鸡、大散关（今陕西宝鸡西南），进入宋朝的境内，攻入饶峰关（今山西石泉西），由金州东下，直指汴京。

金国大将完颜合达、移剌蒲阿于正大九年（公元1232年）正月初二，率骑兵两万、步兵十三万自邓州出发，赶赴汴京。张惠、高英、陈和尚等随行，又在途中与杨沃衍、武仙军会合。金军一路作战，不断遭到蒙古军的袭击，不得休息，军粮也不足，行至黄榆店（今河南禹县西南）时，遇上大雪不能前进，就地扎营。这时，合达又接到完颜守绪的制旨，令两省军全部赴京师，然后出战，合达、蒲阿立即启行。蒙古军且战且退，至三峰山，天又下起了大雪，金军沿途作战，极度疲劳，甚至三日未食。天寒地冻，军士披甲胄僵立雪中，枪槊结冻如橡。蒙古军却是燃薪煮肉，轮番休息，

交钞铜钞版

有意放开一条去钧州（今河南禹县）的路，放金军北走，然后出伏兵夹击，金军大败。张惠、樊泽、高英等将领战死，武仙率三十骑逃入竹林，移剌蒲阿率军北走，被蒙古军追上俘获，押送到宫山。蒙古军对他多次劝降，蒲阿说："我是金国大臣，只当为金国一死。"最后不屈被杀。

完颜合达与陈和尚率领部分残兵败于钧州。被蒙古军团团围住，合达战死，陈和尚被擒，拒不跪拜，蒙古军用刀砍断他膝胫，他仍从容地说："我就是忠孝军总领完颜陈和尚。大昌原战胜你们的是我，卫州战胜你们的是我，倒回谷战胜你们的也是我。今天我死也要死个明明白白。"蒙古兵又砍下他的足胫，割他的嘴，直到耳边，陈和尚宁死不屈，英勇就义。

杨沃衍的部下呆刘胜降蒙后，被派遣来劝降杨沃衍。杨沃衍愤怒地说："我出身卑微，蒙皇上之大恩，今天你要来玷污我吗？"说着，他拔剑杀死呆刘胜，然后向汴京方向哭拜，说："皇上大恩，无以图报，今日战败，无面目再见朝廷，只有一死报之了。"说完拔剑自刎，壮烈殉国。

## 孤城一座

钧州三峰山一战，金国主要将领大部牺牲，主力溃败，金朝大势已去。蒙

金代道家印

古军则乘胜进军汴京，汴京危急。这时，完颜守绪召完颜白撒还朝，任平章政事，主持军政大事。这白撒胆怯无能，刚愎自用。当蒙古兵长驱汴京时，他不组织抗战，却派人率众万余开短堤，决河水阻挡敌兵。结果蒙古兵赶到，大加杀戮，修河丁壮逃回不足三百人。

汴京被围困，城中十分空虚，只有不足四万兵力。完颜守绪一面加紧战备，一面加紧向蒙古求和。蒙古军派使者持国书前来招降，完颜守绪无奈，封荆王守纯的儿子讹可为曹王，到蒙古军营做人质。蒙古军留下三万人，由速不台指挥继续围攻汴京，其余的撤军北还。汴京城外蒙古军沿城壕设列木栅，用薪草填壕。

白撒等主帅以正在议和为由，不准出兵。城中军民义愤填膺，要求出战，在城中喧呼。

完颜守绪亲自出端门安慰军士，有士兵五六十人一齐跪在完颜守绪面前，对完颜守绪说："蒙古军背土填壕已过一半了，平章不准放一箭，说怕坏了和议，如此下去，汴京将难保，请与蒙古军决一死战。"完颜守绪说："等曹王到北国，蒙古兵若仍不退，你们再死战也不迟。"众人伏地哭泣说："事情已经万分紧迫，皇帝不要只盼望讲和。"

千户刘寿拽住完颜守绪的马缰，说："皇帝不要相信贼臣呀，只有将他们剪除干净，才能退敌兵。"卫士们听了要打刘寿，完颜守绪制止，说："他喝醉了酒，不要理他。"

经过一番充分的准备，蒙古军向汴京城发动了猛烈的进攻。汴京军民与蒙古兵奋战十六昼夜，保卫了汴京城。完颜守绪又派人去蒙古军营求和，速不台见此城久攻不下，便说："既然已在讲和，还互相攻击什么呢？"然后领兵退去。完颜守绪亲自登端门赏赐军士，并改年号开兴为"天兴"。

经过蒙古军长期围困，汴京已成为内无粮草、外无救兵的一座孤城，又失去宝贵的民心，实在难以维持了。

## ◎ 外出求生

天兴元年（公元1232年）7月，蒙古再派使臣唐庆前来招降，要求完颜守绪去帝号称臣，守城军士一怒之下杀掉了唐庆一行，蒙、金之间的和议局面彻底破产了。

12月，完颜守绪急召群臣商议对策。左司郎中自华献计："现在耕地已废，粮食将尽，四外援兵也没有指望。圣主可出就外兵，留皇兄荆王守纯在汴京监国，由他裁处，圣主既出，遣使告诉蒙古，说我外出不是收笼军马，只因军卒擅杀唐庆，和议断绝，现在把汴京交付荆王，我只求一二州养老而已。这样，皇后皇族可以保存，圣主可以宽心了。"完颜守绪听了觉得在理，遂决定出奔汝州。

12月25五日，完颜守绪与皇太后、皇后、诸妃告别，彼此十分伤心，此时一别不知今生能否相见，真可谓生离死别。当军队行至公主苑时，太后手捧米肉一一犒赏军士。留守汴京的军士也都纷纷要求出城去汝州大战一场。完颜守绪深情地对他们说："你们不要以为不让你们进军汝州就没有功劳了，社稷宗庙都在这里，你们要保护好不出差错，此功非小，将来军赏岂能在参战将士之下？"军士们听了，纷纷落下泪来。

## ◎ 攻卫州

正当完颜守绪一行准备西行汝州的时候，巩昌元帅呼沙呼自金昌赶到，对完颜守绪说："京西三百里之间无井灶，不可前往。"完颜守绪便又决定东行，不几日，到达黄陵冈。完颜守绪召集群臣议于黄陵冈，白撒仍主张去归德，完颜守绪也表示同意，元帅蒲察官奴又来奏报，说卫州有粮，可以屯驻。

正月初四，完颜守绪仍命白撒督军攻卫州，右丞相完颜仲德拽住完颜守绪的

戏剧演出

马缰，苦谏道："存亡在此一举，卫州决不可攻。"完颜守绪听不进去，仍命白撒督军向卫州进发，无奈卫州城池坚固，金军缺少攻城器械，围攻三日不下。此时蒙古援兵赶到，金兵闻讯撤退，蒙古兵紧迫不舍，在卫州城东的白公庙展开一场激战，金兵大败。白撒弃军逃跑，元帅刘益、上党公张开在逃跑的途中被民家所杀，另一部分军队投降蒙古。

白撒逃到蒲城东三十里的魏楼村，找到完颜守绪，告诉完颜守绪卫州溃败的消息，请完颜守绪赶快去归德。完颜守绪在深夜四更匆忙乘船逃往归德，连待卫都不知道。第二天，金军得知完颜守绪已逃走，纷纷溃散，白撒收得残兵败将二万人到归德。守绪将此次攻卫州失败的罪责归于白撒，将其下狱，白撒七日不食而亡。

## 汴京失守

卫州战败的消息传到汴京，引起一片骚动。此时的汴京城内外交困，老百姓没有粮食吃，很多人饿死了，有的人甚至以自己的老婆孩子为食。速不台的蒙古军又不断来攻。卫州兵败，人们更失去信心，看到金朝行将灭亡，更加不安。留守汴京的西面元帅崔立在其党羽韩铎、药安国等人的协助下乘机发动政变，将他的私党都封以重要官职。他们杀掉留守汴京的参知政事兼副枢密使完颜奴申、完颜斜念阿不二相及其他官员，然后据汴京城，投降蒙古。接着，速不台进汴京。四月，速不台杀掉荆王守纯、梁王从恪，将后妃们送回蒙古。

金人物砖雕

# 最后的哀歌

汴京陷落，金失去了国都，抗蒙斗争的形势变得更加严峻了。

## 🌀 官奴谋反

天兴二年（公元1233年）正月，完颜守绪来到归德，河北溃败的军队也相继来附。当时，蒙古将军特默岱率军来攻归德，元帅蒲察官奴建议完颜守绪到海州（今江苏连云港），完颜守绪不从。后来官奴又请率军北渡，被归德知府兼总帅不盏女鲁欢阻止，完颜守绪也不赞成，从此，官奴产生二心，放任他的军队四出剽掠，不加禁止。

为此，左丞李蹊、左右司郎中张天纲、近侍局副使李大节等人都说官奴有谋反的迹象，完颜守绪不信，仍让大家放心不要多疑，说："官奴起于卑微，朕如此提拔信任他，想必他不会辜负我的。"但完颜守绪也多少有些担心，便私下里派人暗中监视官奴。这件事被官奴知道后，更加速了他的叛离活动。

3月的一天，完颜守绪考虑到官奴与马用不合，恐怕他们相互攻击造成内乱，便设下酒宴为二人劝和。马用撤走了自己的亲卫，不一会儿，官奴乘机率军攻击马用，马用败走，最后被官奴杀掉。接着，官奴派五十名士兵包围行宫，将所有的朝中大臣都聚集在都水摩和纳的住宅，派兵监管起来。又将参政女鲁欢赶回家中，搜尽他所有的金银财宝，然后将其杀死。接着，官奴又派都尉马实披甲执刃到皇帝面前，劫杀皇帝的侍卫直长把纳申，完颜守绪见马实进来，将手中的宝剑掷于地下，对马实说："去告诉元帅，我左右只剩下把纳申一人了，就留下他侍候我吧。"马实无奈，只得退出。官奴杀朝官李蹊等三百余人，乱杀军民达三千有余，还有的大臣在变乱中投水自尽。

日暮时分，官奴带兵进宫见完颜守绪，反诬说，女鲁欢谋反，被他杀掉了。完颜守绪无奈，只好答应，下诏授官奴为枢密副使兼知政事，总揽军政大权。官奴将完颜守绪软禁于照碧堂，不准他见朝臣。完颜守绪思前想后，不禁悲从中来，哀叹道："自古没有不亡之国，不死之君，只恨我用人不当，反被这奴才所囚禁。"说完，泪如雨下。

## ❀ 清君侧

后来，完颜守绪召见官奴，说准备到蔡州去，官奴不答应，愤愤而出，甚至扼腕顿足。完颜守绪见此情景，心想："官奴根本不把我放在眼中，心怀叵测，若不及早除掉他，恐怕还要受他的害。"完颜守绪决心要寻机杀掉官奴。内侍局令宋齐诺、钮祜禄温卓等人早对官奴变乱不满，也在密谋除掉官奴。

6月的一天，完颜守绪与宋齐诺设下计谋，派人召宰相议事，令温卓埋伏在照碧堂门间，伺机刺杀官奴。一会儿，官奴入见。完颜守绪见他走进门来，便起身招呼一声"参政"，官奴刚要应声，说时迟那时快，温卓从门边闪出，一刀刺进官奴的肋间，完颜守绪顺势拔出宝剑，向官奴砍来，官奴受了重伤，慌忙夺路跳下台阶，正欲逃走，两名内侍紧紧追上，将其杀死。

官奴伏诛，完颜守绪又下令杀掉官奴的几个亲信，赦免了忠孝军，接着完颜守绪决计迁往蔡州，留元帅王璧守归德。

## ❀ 退守蔡州

蔡州地处淮水支脉汝水上，与宋朝接壤。当初，完颜守绪听说蔡州城池坚固，兵

金武元直《赤壁图》（局部）

多粮广，才决意到这里来。可实情并非如此，蔡州无险可守，又面临着宋朝的威胁，形势非常不利。完颜守绪入蔡以后，任用完颜仲德主持军政，修缮器甲，整顿军纪，严明赏罚，企图重整军威。完颜守绪看到蔡州守御困难，打算休整一番之后，率军西征，向宋朝的四川扩展地盘。但是，此时的宋朝已与蒙古商定，联合灭金。

8月，宋军围攻唐州的战斗就已打响了。唐州的战斗打得十分艰苦，金守将乌古论黑汉一面坚守，一面派使求援，但援兵被宋军打败逃回，城中又没有粮食，黑汉及军士只得杀妻子做军粮。部下经不起煎熬，打开西门降宋，黑汉率众与宋军展开激烈巷战，最后战败被俘，不屈就死。

## 🏵 宋蒙联手

完颜守绪见宋朝助蒙古攻金，且已攻下唐州，深感形势不妙，便急忙派遣皇族阿古岱去宋朝修好借粮。他让阿古岱对宋朝人说："我自即位以后，立即下令边将不准犯南界。每当边臣生事，我都责罚他们。蒙古人灭国四十，接着就进攻西夏；西夏灭亡后接着就来攻我金朝；一旦我金朝灭亡了，必然立即进攻宋朝。唇亡齿寒，这是自然之理。宋朝若能与我联合抗蒙，既有利于金朝，也有利于宋朝。"但是，宋朝仍拒绝和议。

蒙宋继续夹击金朝，蒙古军由塔察儿率领，宋军由孟珙率领，分道向蔡州攻来。9月，兵临蔡州城下，蔡州危急。

九月九重阳之日，完颜守绪拜天，告谕群臣："国家自开创以来，涵养你们一百多年。当今国家处在危难之中，你们与我同患难，可谓忠矣。现在蒙古兵将到，正是你们立功报国的好机会，纵为国家社稷而死，不失为忠孝之鬼。以前你们常常为朝廷不了解你们而焦虑，今日临敌，我可是亲眼看着，你们努力吧。"

说完，完颜守绪将一杯杯酒浆亲手赐予群臣诸将。大家满含着热泪接过酒浆，一饮而尽。正在这时，有人飞马来报："敌人数百骑兵已到城下。"金军将士踊跃请战，完颜守绪许之。接着，分军防守四面及子城。蒙古兵攻城不下，筑起长围，准备长期围困蔡州。

## 🏵 守蔡州

11月，宋将江海、孟珙率兵万人及粮食三十万石助蒙古攻蔡。宋、蒙会师，力量更加强大。孟珙从俘虏那里得知，蔡州城中粮尽，完颜守绪曾放城内饥民老弱出城，又给饥民以船到城壕采水草充饥。便加紧围城，防止金军突围；又派人决开柴潭，将水放入汝水。这柴潭在城南三里，是蔡州城的一个天然屏障，宋兵决潭放水后，用薪草加土填平，从潭上行军攻城。蒙古兵也决了维江。宋兵从南面进攻，蒙古军肖乃台、史天泽部从北面进攻，东、西两面由蒙古兵包围，不断发起进攻。

19日，蒙古军攻破西城，金将完颜仲德在城中筑栅浚壕，阻挡蒙古兵前进，又选三百精锐，昼夜抗御。完颜守绪自知蔡州将不守，国运已去，他对身边的侍卫说："我为金紫十年，太子十年，人主十年，自知无大过恶，死而无恨。只恨祖宗传国百年至我而绝，与那些荒淫暴乱之主同为亡国之君，这是唯一令人遗憾的。"又说："自古以来，没有不亡之国，亡国之君往往被人囚执，在阶下受辱，朕必不至于此，你们等着看吧。"24日晚，完颜守绪扮作平民百姓，趁夜色夹杂在数百兵士中，出东城企图逃跑，逃到城东栅界附近，与蒙古军遭遇，战不能胜，被迫退回。

蔡州被围3个月，城中粮尽。完颜守绪杀上厩马五十匹、官马一百五十匹，赏给将士食用，又将自己用的器皿赐予将士们。

## ⊛ 在位时间最短的皇上

天兴三年（公元1234年）正月，蒙古军在城外会饮鼓吹，完颜守绪命近侍分守四城，各级官吏都出供军役。初九日，蒙古军在西城凿通五门，大军涌入城中，与完颜仲德督军展开激烈巷战，直到傍晚，蒙古兵暂退。夜晚，哀宗召集百官，宣布传位于东面元帅完颜承麟。

第二天，承麟便即了帝位，承麟受诏即皇帝位。正在行礼，宋蒙联军已经攻进城来，君臣只得草草收场，出去迎战。这时，城南宋军已漫山遍野而来，杀声震天。守城金兵吓得弃门逃走，宋军攻入东城。承麟被迫率众退保子城。哀宗自知末日已到，在幽兰轩自缢。承麟闻讯，忙率群臣前去哭奠。正在祭奠之际，子城也被攻破，宋兵蜂拥而入，承麟在混战中被杀。这个在位仅半天的皇帝，成为中国历史上在位时间最短的皇帝。至此，金国也随之灭亡。

完颜守绪虽然志大才高，卓识有为，但终因生不逢时，国中问题积重难返，最终被宋、蒙联军所灭，其在大势已去的情形下自缢，成为金朝皇帝中令人扼腕的悲剧人物。

# 元

公元1271年—公元1368年

# 蒙古的第一位"可汗"

历史上一般称海都为蒙古的第一位可汗，也许自有它的道理。

## 身世悲惨

在伟大的成吉思汗称可汗之前，蒙古部落只有三个人曾称可汗，他们是海都大儿子伯升豁儿的一个孙子合不勒汗；二儿子察剌合领昆的一个孙子俺巴孩汗；合不勒汗的四儿子忽图剌汗。这三个人是成吉思汗以前的三个可汗（可汗，皇帝之意），而成吉思汗之父也速该虽有可汗之实权，却无可汗之名号，不算。海都也只能算是汗（汗，王之意）而非可汗，因合不勒汗是第一个统一了蒙古族各部落的人，因而被推举为可汗。那么，海都为什么被人尊称为蒙古的第一位可汗呢？

海都是成吉思汗的六世祖，蒙古人称为"不兀迪"。其祖父为蔑年吐敦，蔑年吐敦是始祖孛端察儿的孙子，也是那挈伦（又称莫挈伦）的丈夫。据《史集》作者拉施特说，他曾亲眼见过蒙古的金字谱牒，蒙古各代祖先正是从蔑年吐敦开始才有了专门的称呼，蔑年吐敦被称为"都塔浑"。都塔浑死后，一切财产、权力都归其妻那挈伦掌管。据《元史》记载，"那挈伦性刚急"。一天，一群被辽军杀掠过的幸存者，大约七十个帐幕的札剌亦儿人逃难迁徙到那挈伦的牧场。他们饥饿难忍，只好挖草根为食。那挈伦看到自己的牧场被挖掘得一片狼藉，勃然大怒，一边叫骂，一边驾车冲了过去，当场碾死了几个幼小的孩子，许多人被撞伤。札剌亦儿人忍无可忍，便将山坡上放牧着的几百匹马抢走了。那挈伦的六个儿子顾不得披甲便策马赶来。札剌亦儿人怕被他们包围，又怕惊动了他们的亲属，于是一不做二不休，掉转马头，将那挈伦一家全都杀死。海都年幼，被乳母藏在乱木堆中，才躲过此劫。

## 扩充势力、追赠可汗

那挈伦的小儿子纳真于八剌忽（巴尔虎）部为赘婿，

闻家被祸，策马急回，救出侄儿海都和十几个老人。纳真骑着马追寻札刺亦儿人的下落。《元史》上称他向父子二人问路，见其臂上之鹰乃自家之物，于是将他们杀了，夺回了猎鹰。又走到一座山坡下，见到了几个"方击髀石为戏"的童子，自己家的马正在山坡上吃草。纳真四顾无人，尽杀童子，驱马臂鹰而还。孛尔只斤氏险些亡族灭种，海都成了孛尔只斤氏唯一的继承人。

海都长大后，原来家族的部众都收附了许多，一时威名大震。而纳真也率八刺忽、怯谷等部落来归附海都，并"共立为君"。海都整治军队，率军向札刺亦儿部进攻，以报家仇。在海都的强大进攻下，札刺亦儿人终于"臣属之"，做了海都的奴隶。海都的部落也因收附了札刺亦儿部"形势大寝"。后来"列营帐于八刺合黑之上，跨河为梁，以使往来。"这个渡口被称为"海都札罗鲁木"（海都之渡），于是归附者日众，势力也日益大增，为蒙古部落和孛儿只斤氏在以后草原上的争霸奠定了基础。

正是由于海都让黄金家族孛儿只斤氏亡而复兴，香火继续下去，并使蒙古部落势力增强，地盘扩大，才被后人追赠为可汗。其实海都的势力在当时草原上各族部落之间只能算是较为强大，但并没有统一各部，因此可以称其为汗，而不能称为可汗。第一可汗的称号显然是后人为尊敬他为孛儿只斤氏和蒙古做出的突出贡献而追赠给他的称号。

成吉思汗统一漠北图

# 一代天骄

"一代天骄，成吉思汗"，这是一个曾经让世界都为之发抖的人物。

## 少年初识愁滋味

在成吉思汗出世前，蒙古诸部混战不已，社会极不安定。金朝统治者挑拨离间和迫害，更加深了蒙古人民的苦难。蒙古各部流浪荒漠，不得安居，对金朝统治者"怨入骨髓"。在阶级和民族的双重压迫下，人们都渴望和平安定，期待有一个强大的中心力量来领导全蒙古的统一，加强反抗金朝民族压迫的力量，结束分崩离析的局面。

成吉思汗，本名铁木真（公元1162年—公元1227年），出生在蒙古孛儿只斤氏的一个贵族家庭。他是合不勒汗的曾孙，也速该把阿秃儿的长子。

铁木真的父亲也速该把阿秃儿由于遭到塔塔儿部的谋害而早死，家道中落。铁木真幼年时期，经历了颠沛无依的生活遭遇。

铁木真九岁时，其父也速该让塔塔儿部的人毒死。孛儿只斤氏族失去首领，许多奴隶和属民改投其他势力较强的部族，甚至连一些乞颜氏的贵族也离开了铁木真和他的寡母去依附强大的泰赤乌氏了。少年铁木真一家顿时陷入困境，母亲诃额伦带着几个孩子和仅剩的少数部众住在斡难河上游不儿罕山一带，过着困苦的生活。他们经常只能靠采集野果，挖野菜、草根过日子。母亲含辛茹苦，艰难度日，艰难抚育自己的孩子。

《沁园春·雪》

铁木真从小就很聪明懂事，在艰苦岁月的磨炼下，逐渐长大成人。他长得身材高大，目光炯炯有神，养成了不怕困难的坚强性格和善于观察事物、富于谋略的杰出才能。

## ◎ 第一次遇难

泰赤乌氏族的首领担心铁木真长大后会报仇，就纠集族众袭击铁木真的驻地，企图除掉铁木真。泰赤乌氏包围了铁木真一家，他们扬言，只要交出铁木真一人就行。铁木真为了不使家人和族众受难，就孤身一人逃往高山密林之中。

泰赤乌氏人紧追不舍，把山林包围起来，又在各个路口布置了岗哨。铁木真在密林中整整躲了七天七夜，什么吃的也没有，只以草根野菜充饥。到后来，他实在忍受不下去了，便走出密林，结果被泰赤乌氏人抓住了。

铁木真被套上木枷，送往泰赤乌氏的营地。他们百般嘲笑、侮辱铁木真，铁木真只是咬着牙，默默地忍受着一切。一天晚上，铁木真乘看守不注意跑了出来，却又被泰赤乌氏的属民锁儿罕失剌发现了。但是锁儿罕失剌并没有声张，而是偷着对铁木真说："你有出类拔萃的卓越才干，他们嫉恨你。你就藏在这里，我不泄露给别人。"接着，他又说服部众，停止了搜捕。

第二天，无法脱身的铁木真又找到锁儿罕失剌，请求把自己藏起来。锁儿罕失剌的儿子解下铁木真带的枷锁投进火里，把他藏在装羊毛的车上，并嘱咐妹妹合答安好好照料他。在锁儿罕失剌的救助下，铁木真骑马逃走，与母亲会合。

这是铁木真早年第一次遇难。

## ◎ 夺回爱妻

此后不久，铁木真又遭遇了两次大难。一次是几个强盗偷抢铁木真的马匹，铁木真奋勇追赶，独自与强盗展开了激烈的搏斗。途中遇到了阿鲁剌氏族纳忽伯颜的儿子博尔术和他同心协力才杀退了强盗，夺回了马匹。从此二人结成终身相助的莫逆之交。

第三次遇难，是在铁木真新婚后不久。篾儿乞部为了报仇，突然袭击铁木真。铁木真没有力量抵抗，只好指挥家人和部族逃进了深山，才躲过一场劫难。由于撤退仓促，他的妻子孛儿帖被篾儿乞人掳去了。

铁木真悲痛不已，决心救出妻子。他知道自己兵力不够，就向克烈部的首领王罕请求支援。在这之前，也就是铁木真在娶了妻子孛儿帖的时候，铁木真为了扩充实力、振兴家族，曾把妻子的珍贵嫁妆黑貂皮献给了克烈部首领王罕，并认王罕为义父，取得了王罕的信任。当时，王罕就答应铁木真愿意为他收集离去的部众，帮助他把孛儿只斤部再建立起来。如今，铁木真遇到困难，就请王罕帮忙，王罕一口答应了。

铁木真又去借札答阑部的人马。札答阑部的首领札木合是铁木真小时的朋友，一见铁木真求援，立即表示同意。

于是，铁木真在王罕、札木合的帮助下，出动联军，进攻篾儿乞人的驻地，把篾儿乞人打得溃不成军，狼狈而逃。铁木真救回了自己的妻子，还俘虏了许多篾儿乞人。

这一仗，显示了铁木真的政治才能。他乘击败篾儿乞人的机会，收拢和团结了一批人，组成了自己的军队，从此走向了兴旺发展的道路。

## 壮大力量、成为可汗

在王罕的荫护下，铁木真开始积聚力量。他先收下了折里麦，后又有很多自由的骑士、勇敢善战的勇士接踵而来，铁木真周围群英汇集，积蓄着力量。

一两年后，铁木真摆脱了对札木合的依附，从斡难河中游的札木合营地迁到怯绿连河上游的桑沽儿小河，独立建营。铁木真不问出身，善于容众，吸引了很多弱小的氏族，被大家拥戴为领袖，表示愿为他去"砍断逞气力者的颈项，劈开逞雄勇者的胸膛"，这些人后来都成了铁木真的亲信。一些原来有名望的乞颜贵族也向铁木真靠拢。合不勒汗的长支主儿乞氏的撒察别乞、泰出，忽图剌汗之子拙赤汗和阿勒坛，也速该之

弟答里台斡赤斤，兄捏坤太子之子忽察儿等人不愿过寄人篱下的生活，挟其部众回到铁木真身边。他们在部族长联合会议上，共同推举拥有较强势力的铁木真为可汗，并表示服从。

铁木真经贵族会议推举为可汗，立即建立起一套巩固自己统治地位的制度。他任命最早追随他的亲信那可儿、博尔术和折里麦为总管，并分设了主管不同部门的十种职务。担任这些职务的人员，除其弟外几乎全是他的亲信。通过这套制度，铁木真组成了一支以那可儿为核心的精悍队伍。他制定并实施严格的纪律和制度，以便使他们更适合于大兵团活动，从而为统一蒙古奠定了基础。

一代天骄成吉思汗

# 统一蒙古的"天可汗"

铁木真经过长期征战，初步完成统一事业。后被推举为"汗"，尊称成吉思汗。

## 🐉 找到靠山

本来，"蒙古"一词早先只是指蒙古草原中的一个部落，自铁木真统一各部之后，大漠南北概称为蒙古地区，所辖各个部的居民统称为蒙古人，"蒙古"一词始成为各部的共同名称。

新建立的以铁木真为首领的乞颜氏政权，只控制着怯连绿河上游的一小块地方，部众也不很多。铁木真知道，要扩张自己的势力，还必须继续依靠强大的克烈部首领的支持。于是，在铁木真就任可汗后，他立即派使臣向王罕报告此事。王罕对自己的干儿子继承汗位非常满意，欣然允许。

## 🐉 消除内忧

十三翼之战以后，铁木真针对泰赤乌氏内无统纪、互争雄长、矛盾重重的现实，采取了笼络人心、分化瓦解的做法。在围猎中，甚至故意将野兽驱入泰赤乌的猎场，让他们获利，然后与之结盟。

塔塔儿本是金朝的属部，庆元元年（公元1195年），他们劫夺了金人的羊马之后反叛。庆元二年（公元1196年），当塔塔儿人逃奔到斡里札河时，铁木真以为父祖复仇的名义要求王罕出兵，并同金军兵合一处，将塔塔儿人围歼。塔塔儿人以前曾把蒙古部的首领

成吉思汗骑射图

抓住献给金朝处死了。因此，这次胜利实现了蒙古部落复仇的愿望，大大提高了铁木真的威望。同时，金朝还授予铁木真以"扎兀惕忽星"（诸部统领）的称号，使铁木真成为蒙古部名正言顺的首领。他的政治权力大大提高，从此可以用朝廷命官的身份号令蒙古部众和统辖其他贵族了。

在战争之前，乞颜氏贵族内部的矛盾已经暴露。撒察别乞等人虽然推举铁木真为汗，但他们并不愿意服从他的管辖，而是一直怀有争夺权位的野心。特别是攻打塔塔儿时，撒察别乞等不仅不听号令，反而乘机劫掠了铁木真的老营。战争结束后，铁木真乘胜兴师问罪，主儿乞氏在怯绿连河附近被彻底击溃，其部民牧地全被吞并。

撒察别乞和泰出两个人也被捕获，铁木真责以背弃盟誓，将其处死。

## 🌀 征战草原

消除了内部的叛乱之后，铁木真从此开始不断削弱旧贵族的权力和地位，迫使他们从属于自己，从而在他走向成功的道路上又跨出了重要的一步。

庆元六年（公元1200年），为创建帝国，铁木真与王罕会于萨里川，共同发兵攻打泰赤乌。经过激战，泰赤乌氏被击溃，其首领塔儿忽台等被杀。

此后，王罕和铁木真的进攻目标转向东部富饶的呼伦贝尔草原。合答斤、散只兀部落联合起来，共同对抗王罕、铁木真，最终也遭到失败，其部众、牲畜多被王罕、铁木真兼并掠夺而去。

嘉泰元年（公元1201年），札木合搜罗一批败散的贵族包括塔塔儿、弘吉刺、泰赤乌等共十一个部族的首领，在忽兰也儿吉集会，结成了一个松散的联盟，讨伐王罕与铁木真。因战斗激烈，铁木真脖颈血管被射伤，血流如注。部将折里麦用嘴吮血，精心守护。他又赤身裸体潜入敌阵，取回酸奶，终于挽救了铁木真的性命。

第二天，曾救助过铁木真的锁儿罕失刺领着只儿豁阿歹前来归顺。只儿豁阿歹爽直地说："从山上射伤你的就是我。如果你让我死，只不过溅污手掌大的一块土地。倘若饶我一命，我将为可汗赴汤蹈火。"

铁木真非常喜欢这种直率和勇气的人："作为敌人的人，总是避而不谈自己杀过人，采取过敌对行动。而你却直率相告，毫无忌讳，真可以做朋友。"铁木真又说："那你就把只儿豁阿歹改作哲别（箭镞之意）吧。"之后，哲别成了一名骁勇善战的猛将。

嘉泰二年（公元1202年），铁木真的武力更加充实，经过一场激战，彻底歼灭宿敌塔塔儿部，报了杀父之仇。从此，蒙古高原富饶的东部土地和众多部落几乎全都归并在铁木真统治之下，其势力愈益强大起来。

## ◎ 收局之争

王罕对这一新兴势力的发展过猛有所顾虑。铁木真曾为长子术赤向王罕之子桑昆的女儿求婚，结果被拒绝。骄横自大的王罕仍未把铁木真当成平等的同盟者，双方关系逐渐恶化。嘉泰三年（公元1203年）春，王罕父子伪许婚约，邀请铁木真赴宴，想乘机杀了他。铁木真信以为真，带领十名随从前去。行至中途被知悉内情的王罕部下蒙力克劝阻。桑昆知道奸计泄露，准备偷袭铁木真。这件事又被在阿勒坦的弟弟也客扯连家放牧马群的巴歹和启昔礼听到，他们连夜驰报铁木真。王罕发兵来袭，铁木真仓促整军迎敌，大战于合兰真沙陀之地。铁木真当时仍处于劣势，虽经苦战，抵挡了一阵，但终因寡不敌众，队伍溃散。

合兰真沙陀之战是铁木真平生最艰苦的一场战斗，是他第一次单独与蒙古高原上最强大的贵族势力进行较量。失利以后他一面遣派使者历数王罕背盟弃约诸事，并请求媾和；一面利用喘息时机，休养士马，收集部众，驻扎在班朱尼河。他与追随的伙伴们一起盟誓："如果我取得天下，我将与你们同甘苦、共命运。若违背誓言，就像这河水一样。"经过短时期积聚，铁木真的军事力量又迅速发展。铁木真探知王罕正搭起金帐，大摆宴席，毫无戒备，遂用偷袭战术秘密包围折运都山王罕驻地，发动突袭。经过三昼夜激战，王罕父子终因力不能支，落荒而逃。

## ◎ 完成统一

消灭了以王罕为首的蒙古诸部中最为强大的克烈部及其部众，是铁木真被推举为蒙古部首领以来取得的最大胜利。论功行赏、封地分民之后，他的势力范围已与西部的乃蛮部接界了。由于乃蛮部是当时蒙古高原上唯一还有力量能与铁木真抗衡的部族，所以铁木真早已将乃蛮部确定为下一个进攻目标。他对军队进行了整编，并建立了护卫军。军队的整编和护卫军的建立，使铁木真的军队成为一支纪律严明、高度集中的武装力量。它不仅加强了铁木真的权力，而且使追随他的将领们得到了大小官职，从而更忠诚、更勇猛地为他的"帝业"战斗。

经过嘉泰四年（公元1204年）和开禧二年（公元1206年）的两次大战役，铁木真终于战胜了乃蛮部落。至此，铁木真终于统一了蒙古高原。

# 蒙古帝国的制度

蒙古之所以能在很短的时间内迅速壮大，这和成吉思汗实行的各种制度是分不开的。

## 统治制度

成吉思汗为了巩固统一，加强统治，首先建立了一套完整的政治、军事制度。当时的蒙古国是一个军事行政的联合体，建立在军事编制和领户分封的基础之上。

它按照十进制的办法，把蒙古各部牧民统一划分为十户、百户、千户、万户，打破了原来的氏族组织，并相应地设立了十户长、百户长、千户长、万户长。

在这个军事编制的基础上又建立了领户分封制。万户长和千户长由成吉思汗直接任命分封。

万户长和千户长按其等级高低，领有一定范围的大小不同的疆域作为封地，并领有封地内数量不等的封户，成为大小领主。享受领户分封的是宗亲和异姓功臣。

蒙古庙

## 怯薛制度

在军事编制中特别值得提到的是怯薛制度。铁木真在称汗之后，下令挑选各部贵族子弟及"白身人"（自由民）中"有技能、身体健全者"，组成一支一万人的怯薛。这支军队由他直接指挥，驻扎在他的大斡耳朵（殿帐）周围，分为四班，由四个亲信的那可儿任怯薛长，每三日轮流值班。这是蒙古军的精锐，也是对地方加强控制的主要武装力量。

顶镶宝石纱帽

其次，成吉思汗下令把许多习惯法固定下来，编成法典，称为"大札撒"。任命他的末弟失吉忽秃忽为全国最高断事官（蒙语为也可札鲁花赤）。

他发表的训话和命令编为《训言》，也具有法律效力。此外，在行政组织上，如掌印、狩猎、马匹和牲畜的管理，军务的总管，军需的供应等，也都定下制度，责成专人负责，初步形成了一套行政管理体系。

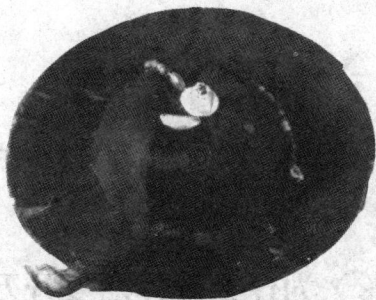

## 蒙古文的形成

在意识形态方面，成吉思汗意识到宗教对政治的作用。当时在蒙古游牧社会中，萨蛮教巫师称为"别乞"，最有势力，是最高僧侣。成吉思汗委任兀孙老翁为别乞，使宗教领袖成为国家高级神职人员，为他的统治服务。

12世纪时，乃蛮部人已直接向邻近的畏兀人学得了文字拼写的方法，用以纪录蒙古语。当时畏兀人用的是粟特体突厥文字母，这种蒙古文习惯上称为畏兀体蒙古文。成吉思汗本人不懂蒙古文，但他在征服乃蛮后，令被俘的乃蛮掌印官畏兀人塔塔统阿教导蒙古青年读和写。从此蒙古有了文字和印信。成吉思汗的"大札撒"（法令）和"必里克"（训言）就是用这种文字纪录下来的。

# 六征西夏

成吉思汗在攻金之前，为了免于受到西夏的牵制，决定先用兵西夏。

## 为什么选择西夏开刀

西夏自公元1038年元昊建国至公元1227年被蒙古灭亡，经历了大约二百年的时间。西夏与蒙古素无恩怨，亦无瓜葛，成吉思汗为什么连续发动六次征伐西夏的战争，必使其国破人亡，才肯善罢干休呢？

这得从西夏所处的地理位置以及当时的历史环境来分析。西夏位于黄河以西，因此又被人称为"河西，其国土狭小，方二万公里"，其辖境相当于今宁夏、甘肃以及青海、陕西等部分地区，北靠蒙古，西连西辽，东邻金国，南界大漠，居于各大国强权之间，是蒙古、金必争的中间地带，处于极其重要的战略位置。因它东与金接壤，北与蒙只有一漠相隔，助蒙古则蒙古军可居高临下，直抵金朝心脏——河南；助金则可使蒙古腹背受敌，受到左右夹攻，无论蒙古还是金国都不敢轻视西夏的重要战略地位。

当时，成吉思汗虽然羽翼渐丰，觊觎金国日久，但金国兵多地广，军力雄厚，不可小视，所以成吉思汗没有草率发兵攻金，"未敢轻动也"。在这种势均力敌的情形之下，西夏的地位日益重要起来。而西夏正与金联盟，使蒙古备受威胁。成吉思汗要解除后顾之忧，就必须征服西夏，这是成吉思汗对西夏发动战争的主要原因。而且西夏相对于金国势小力弱，较宜取胜，况且先弱后强、各个击破的方法，正是成吉思汗一贯的作战方针。攻取西夏除了战略决策的需要外，还是很好的物资配备和兵源补充地。西夏"地饶五谷，尤宜稻麦""岁无旱涝之虞"，是西部的天然粮仓。除盛产粮食外，西夏的战马、乘骆亦相当出名，这对以骑兵作战的蒙古人来说无疑具有极大的诱惑力。素享盛名的还有西夏的"良弓"与"甲胄"。据《兵策》记载，西夏甲胄"由冷锻而成，坚滑光莹，非劲弩可入"。沈括也在《梦溪笔谈》中对西夏良弓大加赞赏，"（西夏）神臂弓，最为利器"。战马、良弓是蒙古骑兵的最佳配备，西夏的三十万骑兵如果臣属于成吉思汗，则蒙古骑兵的力量会大大增加，以上这些无疑也是成吉思汗征伐西夏的原因。

## 试探性进攻

公元1205年，成吉思汗终于发动了对西夏的第一次征伐战争。但这次只是试探性的进攻，并未深入其地，仅"拔力吉里寨，经落思城，大掠人民及其橐驼以还"。西夏虽国小力弱，但也曾是能抵抗北宋几十万大军的劲旅。因此成吉思汗的第一次征伐仅是一次以追击逃敌为借口的抄掠性战争，其目的是观察一下西夏的反应和其军事实力。这次试探性战争，西夏军队还未来得及反应，蒙古军队已大掠而还了。它造成了西夏朝廷的极度恐慌，甚至导致了一场宫廷政变。

公元1206年，夏桓宗李纯佑被废，李安全继位，称夏襄宗。夏襄宗登基后，依然主张联金抗蒙，自甘为臣，以求共同抗蒙，这无疑是对蒙古的挑衅与威胁。成吉思汗于公元1207年秋，再次出兵征讨西夏，历经数月，"克（西夏重镇）斡罗孩城"。后因粮草不继，夏天已到，遂撤军回蒙避暑。第二次征伐战争宣告结束。

## 尝到甜头

吃够了不善攻城之亏的蒙古人，经过一年多的练兵备战，于公元1209年秋卷土重来，发动了对西夏的第三次征伐战争。面对有备而来的蒙古骑兵，西夏军队步步为营，顽强抵抗。双方在黑水城之野摆阵厮杀，西夏军队本想依靠人多取胜，但却忘了自己不是早先的西夏劲旅。长期缺乏训练的西夏军队，交战不久，便被凶悍的蒙古人冲乱了阵脚，被杀得落花流水、尸横遍野，落得个副帅被杀、主帅逃跑的可悲下场。蒙古军队乘胜轻松攻克西夏重镇斡罗孩城、克夷门，使得西夏无险可守。

蒙古军队如入无人之境，直逼西夏首都中兴府下。夏襄宗求救于金，而金章宗已死，卫王永济懦弱无能，不明白"唇亡齿寒"的道理，竟然声称"敌人相攻，吾国之福也"，拒绝出兵救夏。

蒙古军攻击图

夏襄宗求救无门，只好困守中兴。亏得中兴府城高池深，蒙古兵屡攻不下，后来蒙古军竟引贡问之水淹城，但城墙高厚，水不能进，却差点倒淹了蒙古军队。成吉思汗派人前去招降，夏襄宗走投无路，不得已献女求和。蒙古军掠夺了大量的人民、财物及牲畜满载而归。

## ◎ 消磨对手

第三次征伐战争后，蒙古军开始向金国进攻。西夏又发生了一次宫廷政变，夏襄宗李安全被废而死，夏神宗李遵顼夺取政权。他仇恨金人见死不救，正式宣布与金朝断交，开始助蒙攻金。

🐾 蒙古武士复原图

西夏降蒙之后，"合兵攻金，役为藩属"。在蒙古利用下与金作战十三年，大小战役二十五次，动辄征兵数万人。"继征发日多，（西夏）不堪奔命，礼仪渐疏。"

当成吉思汗准备西征，派使前来征兵之时，西夏大臣阿沙敢不出口相讥"气力既不足，何以称汗为？"惹得"蒙古主怒，渡河来攻"。蒙古军队再次兵临中兴府下，夏神宗走西凉，遣使来降，因成吉思汗急于西征，遂罢兵息戈。第四次征西夏战争暂告结束，但成吉思汗留下话说："待西征胜利归来，却再理会之。"李遵顼让位于次子李德旺，称夏献宗。夏献宗企图改变依附蒙古、屈辱投降的政策，欲与金重修盟好，共同抗蒙。金国也看到只有两国联手，才能自保，他们企图趁成吉思汗西征之机，"阴结外援，蓄异图"。

但这一情况还是被成吉思汗知道了，他密令木华黎之子孛鲁征讨西夏，"斩首万余级，获牲口马驼牛羊数十万"，又使西夏受到一次沉重打击。

## ◎ 夏献宗的错误

西夏作为一个小国，长期在大国之间的夹缝中生存，只得用投降与对抗的巧妙方针周旋于各国之间，一会儿联辽抗宋，一会儿联金抗蒙，一会儿又反过来联蒙抗金，有时甚至同时臣服于两国。但这次西夏人分析错了形势，在受到孛鲁的第五次征讨后仍坚持联金抗蒙。

当成吉思汗西征归来，看到唐兀惕人乘他不在时变得倔强，动摇于降叛之间。于是他意识到，西夏反复无常，不灭之难以灭金，成吉思汗不顾七年西征的疲劳，毅然发动了对西夏的第六次征伐战争。但成吉思汗已64岁，是一位老人了。在一次打猎时，不慎从马上坠下，生起病来。西夏本应趁此机会言和，却口出狂言，"要打便打，要作战便作战"。惹得成吉思汗狂怒不已："听彼出此大言，即死也，亦应就其言而行之。"并下令破城之后"自唐兀惕百姓之父母甚至其子孙之子孙，尽殄无遗矣"。蒙古大军兵分两路，从西面和东北夹击西夏，一路攻城陷镇，无坚不摧，直奔中兴府而去。

蒙古兵沿路烧杀抢掠，西夏人挖洞躲避，幸免者百无一二。战败的消息一个接一个，城池接连丢失，可怜的夏献宗李德旺早已没了当年的勇气，在惊惧中死去。

## ◎ 西夏灭亡

西夏南平王李睍在忧患中继帝位，得知蒙古军正攻灵州，亲率五十万大军前去支援。成吉思汗见西夏倾全国兵力来援，便亲自坐镇指挥，并趁黄河结冰，用弓箭射退援兵，强渡黄河，大败西夏援军，攻克灵州城，西夏兵将全军湮没。李睍困守中兴府，蒙古兵第三次兵临城下。

公元1227年6月，"帝遣察罕入城，谕以祸福。"夏王李睍自知西夏已无力与蒙古相抵抗，决心投降蒙古，永不再叛，并"向成吉思汗表示奴隶般的顺从"。他请求成吉思汗给他一个月的时间准备，其实是借此观察成吉思汗的病情，以决定降或不降。

当时，成吉思汗旧伤未愈，又添热病，果真一月不到便驾金车西去。但成吉思汗料事如神，在留下的三条遗嘱中，其中一条便是如何灭西夏。因为成吉思汗曾发誓，"既死也，亦应就其言而行之"。成吉思汗密令："我死之后，不要发丧、举哀，好叫唐兀惕人不知我已死。待一月期到，唐兀惕国王和居民从城里出来时，你们可将他们一下子全部消灭掉。"臣子们依计行事。西夏人不见蒙古军举哀，以为成吉思汗未死，乖乖出城投降，蒙古军队一涌而上将他们全部杀死，中兴府无一活人。西夏人在抵抗了蒙古4年之后，终于寿终正寝了。

蒙古消灭了西夏，解除了后顾之忧，为南下攻金做好了充分准备。"唇亡齿寒"，金人已领悟到了，南宋却还未尝到苦头。结果，金亡了，南宋也亡了，历史的重复有时真简单得可怕。

# 灭金的野心

成吉思汗从蒙古的统一开始便思量着如何向自己最大的敌人下手。

## 🜚 探察金国

公元1227年春，成吉思汗见西夏灭亡大局已定，只留少量兵力在夏境等候接收投降，自率主力进入金国西境，攻陷临洮（今属甘肃）、洮州（今甘肃临潭）、河州（今甘肃抱罕）、西宁、德顺（今宁夏隆德）等地。

闰五月，他避暑于六盘山，精心筹划灭亡金国的军事大略。

成吉思汗首先考察了蒙金战争的新形势。他得知金国在近十年期间，曾经历了一段十分艰难曲折的道路。金宣宗完颜珣在权臣术虎高琪操纵下，为了补偿对蒙古作战的损失，发动了进攻南宋的战争。结果却是劳命伤财，徒伤国力，并且激化了金、宋矛盾，迫使南宋更加向蒙古靠拢，自陷于腹背受敌、四面楚歌的危险境地。后来又在木华黎、孛鲁指挥的蒙、汉、虬军沉重打击下，疆土日蹙，岌岌可危。

金哀宗完颜守绪于公元1224年即位后，为了集中力量抗蒙，主动停止了攻宋战争，重新调整兵力部署，把数十万主力部队屯驻潼关附近，并沿黄河两千余里，分为四段派二十万大军坚守。摆在成吉思汗面前的就是这样一种金军与蒙古军隔河对峙的局面。

## 🜚 蒙、宋、金的三角关系

成吉思汗又考察了南宋与金国的世仇关系。宋朝从公元1126年以来，一直备受金国的欺凌。公元1127年，北宋为金国灭亡。南宋建立后，又屡遭金军南下攻掠，先后于公元1141年、公元1164年。公元1208年被迫与金国订立了"绍兴和议""隆兴和议""嘉定和议"等丧权辱国的不平等条约。南宋割让六个州土地给金国，年年向金国纳贡，岁币由二十万增为三十万，南宋向金国称伯父。

自从蒙古发动攻金战争以后，一向对金国卑躬屈膝的南宋朝廷态度逐渐强硬了起来，并为金国有难而幸灾乐祸，乘机停止了向金国交纳岁币。宋、金历来战争的结局，从来都是以金胜、宋败而告终，唯独公元1217年至公元1224年的宋金战争，南宋因有黄河以北的蒙古军作为不结盟的盟军，形成对金军的南北夹击之势，故而取得了胜利。

　　成吉思汗还仔细地考察了蒙古与南宋的关系。蒙古、南宋之间，初期因有金国、西夏的阻隔，两国不相邻、不相属，也不直接交往。随着蒙、金战争的进程，蒙古和南宋双方都逐渐把对方当作可以借用的力量，成为不结盟的同盟关系。公元1221年，成吉思汗在西征中，驻夏铁门关（原苏联俄罗斯杰尔宾特西），曾经亲自接见了南宋派来的使者苟梦玉，双方沟通了联系，在攻打金国问题上达成了谅解和支持。公元1223年，苟梦玉第二次出使西域，成吉思汗再次接见来使，并且进行密谈。史料对二人的会谈内容没有记载，但史家从尔后双方的言行分析，可能在两个方面达成协议：第一，蒙古、宋双方都把金国看作共同的敌人，并把对方视为对抗金国的同盟军；第二，蒙古、宋在适当时候联合起来灭金。

　　蒙古、宋在以后的交往中，因为双方有着金国这个共同敌人，存在着许多一致性，但因为双方有着许多根本的利害冲突，又存在着对抗性。所以，蒙古、宋关系也时好时坏。

蒙古军交战图

## 胸有灭敌计

公元1227年春，成吉思汗为探察绕道宋境攻金的路线，特遣一支游骑偏师，深入南宋利州路（今四川北部、陕西南部及甘肃东南部一带），抄掠了"五州"——阶州（今甘肃武都县东）、成州（今甘肃成县）、西和州（今甘肃西和县西）、凤州（今陕西凤县东）、天水州（今甘肃天水市西南）。由此，成吉思汗已经十分清楚地洞察了从侧后迂回包围金国都城南京（今河南开封）的进军路线，但是必须向南宋借道并联合南宋，这是唯一的出路。

于是在成吉思汗的脑海中，一个利用宋金世仇、借道宋境、联宋灭金的大迂回、大包围战略逐步形成了。同年六月，成吉思汗从六盘山移营清水县（今属甘肃）的西江。当时天气酷热，66岁的成吉思汗患病，发起高烧。自知病情严重，活不多久了，而自己苦心谋划的灭金战略也只能交由别人去实现，所以召集拖雷及亲密部将，把胸中方略口授于众。

成吉思汗的灭金战略，大体分为两个方面：

其一，对蒙古、金战略形势的客观、冷静分析。他说："金精兵在潼关，南据连山，北限大河，难以遽破。"他认为，鉴于金军还有主力数十万，地处要冲，只靠蒙古军自身的力量从正面攻击，在短期内灭亡金国是不可能的。

其二，确定了利用宋、金世仇，绕道宋境，实施大迂回的作战方略。他说："若假道于宋，宋必能许我，则下兵唐、邓，直捣大梁。金急，必征兵潼关，然以数万之众，千里赴援，人马疲弊，虽至弗能战，破之必矣。"

## 终成遗愿

成吉思汗这一灭金战略，在其去世后，由儿子窝阔台、拖雷实施，公元1231年春蒙古军兵分三路：东路出山东济南，以作牵制；中路由窝阔台率领，从白坡（今河南孟县）南渡黄河，从正面进攻；西路系三路之主力，西路由拖雷率领，从宝鸡（今属陕西）南下，绕道宋境，经由川北、陕南入河南，包剿开封。公元1232年正月三峰山大战，歼灭金军精锐十五万人，俘杀金帅二人；八月郑州大战，歼灭金军主力十余万人，至此金军精锐几尽，金哀宗被迫逃离南京，辗转至蔡州（今河南汝南）。公元1234年正月，宋、蒙联军攻破金国临时首都蔡州，金哀宗自杀，金国灭亡。成吉思汗的灭金战略全部得到兑现。由他亲自发动的蒙、金战争，历时二十四年，至此以胜利告终。

# 西征伟业

蒙古士兵的铁蹄跨越万水千山，震动了整个亚欧大陆。

## ◎ 虚假和平

在蒙古铁骑向西挺进的征程上，首当其冲的是地处中亚的花剌子模国。花剌子模（波斯语，意为王）是中亚古国之一，位于阿姆河下游。它摆脱了西辽和塞尔柱帝国的统治之后，发展成为伊斯兰世界最强大的国家。铁木真攻入金国的消息传到中亚后，花剌子模国国王摩诃末为证实这一消息并探听蒙古实力，在嘉定八年（公元1215年）底，派以巴哈丁剌只为首的花剌子模使团到达中都，亲睹了战争带来的惨状。

铁木真在驻营地款待了使者，并提议："我们双方保持和平友好的关系，要允许商人自由通行，进行贸易。"当时铁木真并无征服西方的计划，只是着意于通过贸易获得异国物品。他曾颁布一道法令：凡商人至其境者，将保证其安全营业；凡有贵重物品，需先送到他那里由他选购。

铁木真也派出使团携带大量贵重礼品去花剌子模回访。

嘉定十一年（公元1218年）春，使团到达河中，转达了铁木真愿与花剌子模缔结和约、互通贸易的旨意。

摩诃末于夜间单独召见使团首领马哈木，探问铁木真的虚实。马哈木谎称铁木真的军队数量装备与花剌子模不能相比，明显处于劣势。这正符合摩诃末自恃强大的狂妄心理，他听后非常满意，答应与铁木真缔结和约。

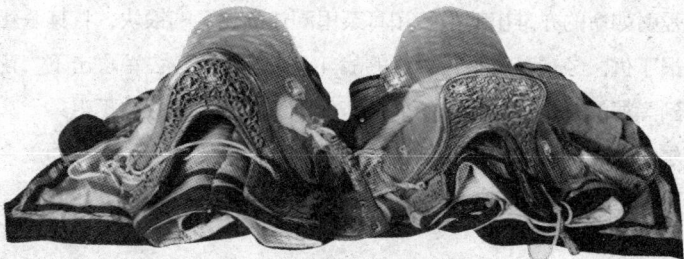

🦌 成吉思汗征战的马鞍

## ⊛ 激怒可汗

随蒙古使团一起出发的蒙古商队共四百五十人，他们用骆驼驮载金银、丝绸、毛皮等到达花剌子模边境城市讹答剌。讹答剌长官亦难出贪图商队财物，竟诬指他们为间谍，将他们扣押起来，然后写信报告摩诃末。摩诃末命令将商人全部杀掉，货物没收。

铁木真闻讯后，流下了愤怒的热泪，决意兴兵复仇。他派三个使臣到花剌子模指责摩诃末背信弃义，并要求交出凶手亦难出。摩诃末严辞拒绝，下令杀死为首的使臣，将其余两个剃去胡须，驱逐出境。胡须对伊斯兰教徒来说是权力的象征，割掉它是奇耻大辱。不斩来使、不杀说客是国家间交往的惯例。自己的使节蒙此厄运，雄狮一样的铁木真再次被激怒了。他决计攻伐花剌子模。

## ⊛ 风卷残云的征战

铁木真派遣先锋哲别率领一支军队，消灭了盘踞西辽的屈出律，扫除了进兵路上的障碍。嘉定十二年（公元1219年），铁木真待马群肥壮之后，率领蒙古军和金国、西夏新归附的契丹军、汉军、河西军和畏兀儿、哈剌鲁首领率领的军队以及大批能工巧匠，翻越阿尔泰山，开始了西征。

铁木真的军队总数不足二十万，但其军威严整，战斗力很强。当时花剌子模拥有约四十万军队，但其组织庞杂，训练不足，士气低落。在大敌压境之时，摩诃末有些惊惶失措，他采纳了分兵把守城堡的策略，他自己则准备退缩到阿姆河以南，并随时准备放弃河中。

嘉定十二年（公元1219年）秋，铁木真统率全军向花剌子模进发，抵达讹答剌。经过五个月的苦战，蒙古军队终于攻破城防。守将亦难出率余部继续抗击，最终被生俘。蒙古军杀掠之后夷平了讹答剌城。亦难出被送往驻屯在撒麻耳干的铁木真处。铁木真下令往爱财如命的亦难出的眼睛和耳朵里灌注熔化了的银块，将其杀死，给死于非命的商人报了仇。经过若干艰苦卓绝的战斗，在强大的蒙古军攻击下，花剌子模的国王最后逃到黑海的一个小岛上，不久就病死了。他的儿子札兰丁屯兵于八鲁湾（今阿富汗喀布尔北），继续和蒙古军抵抗。铁木真派兵围剿，最后在中河（今印度河）边大败札兰丁，札兰丁逃入印度境内。

# 世界征服者

从一个历经磨难的孤儿成为蒙古草原的统治者，又因为西征变成了世界征服者。

## 🌐 世界各国的敬仰

虽然西征中，由于扩张思想的错误，使其犯下了超越复仇、屠杀无辜的严重错误，但纵观主流，成吉思汗仍是一个功大于过、叱咤风云的世界性历史巨人，是一位丰富了世界思想文化宝库，威名震撼欧亚的中国蒙古族杰出政治家。志费尼将其称为"世界最伟大的征服者"，一点也没错。

纵览世界历史，凡是被称为世界征服者的人物，其首要因素无不是军事力量称霸当时，用武力打开世界的大门，扩张了广大的国土，给世界造成了极大影响。与其他世界征服者相比，成吉思汗在军事上无疑是最伟大的统帅。成吉思汗的兵法之高超几乎是举世公认的，《成吉思汗》序言中写道："中国之兵学，至孙子而集理论之大成，至元太祖成吉思汗而呈实践上的巨观。此二人遥遥相距千载，一则援笔而言，一则仗剑以行，卒以造成历史上中国军威震烁欧亚之伟业，发扬数千年中国兵学养精蓄锐之奇辉。"

许多世界著名学者、政治家也都盛赞成吉思汗的军事天才。《罗马帝国之衰亡史》的注解者伯力曾说："蒙军布置精密，战略优良，欧洲任何军队所不能及。"志费尼更是如此评价成吉思汗："说实话，倘若那善于运筹帷幄、料敌如神的亚历山大活在成吉思汗时代，他会在使用计策方面当成吉思汗的学生，而且在攻城掠地的种种妙策中，他会发现，最好莫如盲目地跟着成吉思汗走。"此语确实将成吉思汗捧上了天，有过誉之嫌。

但尼赫鲁也认为："无疑地，成吉思汗如果不是世界最伟大的军事领袖，也是最伟大的领袖之一。"此话甚是，依成吉思汗的军事能力，是当之无愧的。

蒙古骑兵用的箭袋

## 🐉 丰功伟绩

🐉 背剑武士

成吉思汗在长期战争中，既吸收和继承了游牧民族尚武精神的传统和以马文化为特色的战略战术，又在进攻中原和西征的战争过程中吸纳汉地先进军事技术、东西方国家和民族的军事文化，使其军事思想整合了当时游牧军事文化和农耕军事文化，集中了欧亚两洲军事思想文化的精华。这种在实践中形成的军事思想，比较系统地解决了建军、治军和用军的基本问题，最终形成了成吉思汗军事思想的科学体系。蒙古军获得一次次战争的胜利，是与成吉思汗卓越的组织能力和军事天才分不开的，"当时和他作战的国家统帅是没有一个能和他匹敌的"。西征中，成吉思汗仅用十五万军队在两年内就打败了花剌子模四十万军队，取得了威震欧亚的西征决定性胜利，就是最好的证明。

除了军事战争，成吉思汗所建立的蒙古帝国的规模，历史上无论古今还没有能与其相媲美的国家。它远远超过了亚历山大大帝的铁蹄、罗马军的利剑以及拿破仑的大炮所征服的地域。而且成吉思汗在一次次战争实践中培养出的儿孙，个个文武双全，所以蒙古帝国的后继发展也是其他世界征服者难望项背的。值得一提的是，不可一世的亚历山大大帝死后，手下高官为争帝王宝座，闹得帝国分裂，其子孙落得一个个出外逃亡的境地。而成吉思汗死后，手下大权在握的重臣元帅竟无一人觊觎汗位，其子孙后代一直统率帝国达一个世纪之久，这不能不令人敬佩。

当然，成吉思汗的成功并非仅靠其武力的强大就能达到的。许多游牧民族国家的首领，其武力都曾煊赫一时，如匈奴、回纥汗国等，但往往都是拥有百万雄师的一代枭雄而已。尽管也有游牧民族进入中原建国，如北魏、辽、金国，但他们的王朝既没有对统一中国有多大积极影响，更谈不上对世界有什么作用。但成吉思汗却能使北方的蒙古族突然间崛起，不但统一了中原，使中国的疆域恢复到汉、唐时代的管辖范围，而且西征的结果给世界也造成了震撼性的影响。

蒙古族因了成吉思汗赋予它的新的文明和生命力，没有像其他少数民族政权一样迅起迅落，而是以蒙古草原的主人和一个世界性的现代民族在世界文明史上烙下特有的痕迹，至今存在。这都是成吉思汗的功劳。

## 世上再无第二个成吉思汗

成吉思汗曾被人认为是一个"从始至终的草原人"，一个"只识弯弓射大雕"的武夫、野蛮人。但史实证明，成吉思汗不仅是一个优秀的军事家，更是一个卓超的政治家。他在内政、外交、治国、用人、法治、商贸等方面都有突出建树。尽管成吉思汗不识字，脑中还存在着蒙古主义及其主体文化意识，但是成吉思汗和他的帝国却是凝聚了世界先进文化、多元文化以及当代智者智慧的结晶。因为成吉思汗竟然能把一个伦理无常、盗贼横行的混乱社会，治理成骚乱止息、天下太平、出不闭户、路不拾遗的文明社会，这不能不说是治国史上的奇迹！另外，从治国政策、经济思想、用人观念以及宗教政策等方面，也可以看出成吉思汗是一个多么优秀卓越的政治家。

能够做到成吉思汗那样成功的人，世上再无第二人。但成吉思汗能够被称为最伟大的世界征服者，不仅仅是由于他天才的军事才能、卓绝的治国本领，还由于他有着开明的思想、坚定的信念、无畏的勇气和战死杀场的决心。另外，成吉思汗改革国家体制，解放奴隶，并不拘一格地使用人才，创造了一条那个时代了不起的群众路线。

正是由于成吉思汗调动起了广大奴隶与平民的积极性，才打了一场成功的古代人民战争。正是由于成吉思汗身上集中了那么多不可思议的"天赐优点"，才使他成为世界上最伟大的征服者。

只识弯弓射大雕

# 成吉思汗的陵墓

成吉思汗作为一代千古帝王，在中国的历史上留下了许许多多的叹号与问号。

## 🌀 关于陵墓

关于成吉思汗的葬地，有很多讹传，最具代表性的是将从漠北移到鄂尔多斯的祭祀成吉思汗的"八白室"当为成吉思汗的陵寝。所谓"八白室"，即祭祀成吉思汗的八座白色帐篷，当然不是成吉思汗的陵寝。那么，成吉思汗的陵寝在哪儿呢？

《元太祖本纪》曰："二十二年丁亥，帝（成吉思汗）留兵攻夏王城（西夏）……闰月（夏四月），避暑六盘山。是月夏主李睍降，帝次清水县西江。秋七月壬午，不豫，己丑，崩于萨里川哈老徒之行宫，寿六十六岁。"史书载成吉思汗是在攻取西夏的秋天死于今甘肃省六盘山下的清水县境内，却未指出其葬身之地。是不敢说，还是不知道，这得从蒙古人的葬俗说起。

## 🌀 蒙古人丧葬的传统

蒙古人盛行土葬，葬地对外保密，因此地面上不留坟冢等标志。蒙古国时期"其

成吉思汗陵

墓无冢，以马践蹂若平地"。

据《草木子》载："国制不起坟垄，葬毕，以万马蹂之使平，……以千骑守之，宋岁草及生，则移帐散去，弥望平衍，人莫知也。"

约翰·普兰诺·加宾尼更对埋葬死者的习俗做了详细的描述：蒙古人在埋葬他们的首领时，会到秘密的空旷地

🔆　简仪

方去，在那里他们把草根和地上的一切东西移开，挖一个大坑，在坑的边缘，挖一个地下墓穴，把尸体放入墓穴中，然后他们把墓穴前面的大坑填平，把草仍然覆盖在上面，恢复原来的样子，因此没有人能发现这个地点。成吉思汗的陵墓和其他蒙古贵族的墓地一样，地面上不留痕迹。原来是孤树的地方，后来成了一片大树林，即便是守护那里的老守林人，也无法找到成吉思汗的确切埋葬地点。

如此看来，成吉思汗的葬地委实难以确定，但为何其陵园像谜一样令人猜不透呢？

涉足草原之外的蒙古人，一般死后归葬草原。南宋使者徐霆记道，假如死于军中，其奴隶能将其尸首送回蒙古的则将其全部畜产送给奴隶；若被别人送回草原，则其妻奴财产尽归别人所有。

由此可以看出蒙古人是如何强烈地希望死后能归葬草原。成吉思汗虽然死于西夏境内，但毫无疑问其尸身一定是被运回蒙古，葬于蓝天白云之下的绿色大草原上。

## 🌀 留下了一个谜

"诸将奉柩归蒙古，不欲汗之死讯为人所知，护柩之士卒在此长途中遇人尽杀之。至怯绿连河源成吉思汗之大斡耳朵始发丧……"至于葬在何处，还有一个美丽的传说。传说成吉思汗率领蒙古大军进攻西夏途中，路过一处叫起辇谷的地方，见这里天高云阔，绿海无边，不禁被这迷人的景色所陶醉，对侍从说道："这儿做我的墓地不错！"于是死后人们便将他葬在了这里。至于此地究竟在哪里，因无墓冢标志，又无史册记载，所以争议颇多。

有人说，成吉思汗的葬地在不儿罕合勒敦山。出使草原的南宋使者徐霆记

道："霆见忒没真墓在泸沟河之侧，山水环绕。相传忒没真生于此，故死葬于此，未知果否。"《元史》记载成吉思汗"葬起辇谷"，史学家多赞同此说。据亦邻真考证，"起辇谷"是《蒙古秘史》中的"古连勒古"的译写，而"古连勒古"正在不儿罕合勒敦山南，具体说应在今蒙古国肯特省曾克尔满达勒一带。

为什么成吉思汗陵会有如此多的地方？虽然墓穴不知详细所在，但墓园之地甚是广大，为何史书也不能明确记之呢？

## 后世子孙继承前制

自成吉思汗开始，窝阔台汗、贵由汗、蒙哥汗及拖雷汗等人，都埋葬在起辇谷，并且遵从成吉思汗死后的葬仪。蒙古统治者便有了自己专门的陵地，这块陵地，在元代文献中被称为"起辇谷"，是皇室成员的专用陵地，有守墓人守护。除此之外其保密措施还得益于以下几个方面：如拿忽必烈及以后的元代皇帝死后归葬起辇谷的记载来看，元代皇帝死后仍然按照蒙古旧俗行事。

王恽曾详细记述了元皇帝的归葬仪式："至元三十一年（公元1294年）岁次甲午，帝崩于大内紫檀殿，既殓，殡于萧墙之帐殿，从国礼也。越三日乙亥寅刻，灵驾发引，由建德门出，次近效北苑。有顷，祖奠毕，百官长号而退。"从中可以看出汉人官僚不能参加蒙古皇帝的丧葬仪式，所以将灵驾送到大都建德门外就必须止步了。等棺木"至所葬陵地，其开穴所起之土成块，依次排列之。棺既下，复依次掩

成吉思汗全家

覆之。其有剩土，则远置他所。送葬官员，居五里外"。在元皇帝下葬时，连蒙古贵族都要避之五里之外，并且"往葬日，遇行路人，尽杀殉葬。"避免了外人泄密。

成吉思汗陵内景

## ⊙ "八百室"

蒙古帝王如此深埋之，不留痕迹，难怪后世之人不能寻到。但史书记载元皇帝都葬于同一地方起輦谷，既然无人可知道先帝之陵寝，后人又怎能找到并归葬于此呢？据《黑鞑事略》和《草木子》说："其墓无冢"，葬后"以马践踏，使如平地"，然后"杀骆驼子其上，欲祭时，则以所杀骆驼之母为导，视其踯躅悲鸣处，则知葬所矣"。然而，时间一长，母骆驼也难以识别了。

《史集》记成吉思汗葬后，"讣闻传到远近地区时，后妃、诸王奔驰多日从四面八方来到那里悼死者"。他们是到成吉思汗坟上哀悼的吗？不是，他们是在成吉思汗的四大斡耳朵（宫帐）里为死者举哀的，谁也不能接近墓地。因为成吉思汗的墓地已成为草原上的"大禁地"，蒙古语为"也可忽鲁黑"，有专人守护。"忒没真之墓，则插矢以为垣，逻骑以为卫"。后来为了保密，也为了方便祭祀，便设立了象征成吉思汗灵寝的"八白室"（八个白色帐篷），渐渐地后人便把"八白室"所在地当成了成吉思汗的陵园。

随着蒙古族政治中心的变动，"八白室"辗转大漠南北，清初移至伊金霍洛，伊金霍洛的蒙古意思是"主人的陵园"，在鄂尔多斯的蒙古族人民心中，伊金霍洛便成了成吉思汗的安葬地。现存明代、清代成吉思汗陵旧址各一处。公元1939年，为避日寇和蒙古卖国贼的劫持，"八白室"曾先后转移至甘肃（公元1939年—公元1949年）、青海（公元1949年—公元1954年），今有甘肃兴隆山大佛寺纪念堂旧址、青海塔尔寺排家尕哇纪念堂旧址。新中国成立后，经中共中央批准，"八白室"于公元1954年从塔尔寺迎回到鄂尔多斯草原，公元1956年建成现在供游人参观膜拜的成吉思汗陵。

# 兄弟争位

历朝历代的帝王之后无不对最高统治者的地位垂涎三尺，成吉思汗的后人也不能免俗。

## 决定传位

成吉思汗临终之前，钦定三子窝阔台为汗，但成吉思汗老了（死了，蒙语之讳语）以后，汗的宝座却长达二年空缺，一直由幼子拖雷监国摄政，为什么会出现这样的情况？成吉思汗究竟将汗位传给了谁呢？拖雷敢违抗成吉思汗的遗命而同窝阔台争夺汗位吗？

当年，成吉思汗西征之时，已是花甲之岁的老人。也遂妃担心后嗣未定，成吉思汗征战途中万一有所不测，恐怕会国内大乱，天下大乱，于是向成吉思汗建议道："合罕越高岭渡大水，所以出征长行者，惟思平定诸国矣。然风有生，万物皆无常也。若汝似大树之躯骤倾，则将似绩麻之百姓，其委之与谁乎？若汝似聚今之百姓，其委之与谁乎？所生英杰之四子中，其委之与谁乎？"

因成吉思汗是自己打的天下，没有考虑到选定汗位后嗣的问题，且"未尝有遭死之事"而忽略了这件大事。

今经汗妃也遂一提醒，觉得也是时候了，于是在呼日勒会议上提出了这个敏感的话题。

## 立储风波

成吉思汗意定三子窝阔台为汗，而哈敦（皇后）孛尔帖所生的另外三子，长子术赤、次子察合台、四子拖雷为此大吵起来。术赤与拖雷一党，察合台与窝阔台一党，争得不可开交，察合台与术赤之间简直就要爆发一场决斗。后经成吉思汗和大臣们的劝解，争吵暂告平息。

龙泉窑缠枝牡丹纹瓶

　　成吉思汗以古老的"折箭训子"的故事和五头蛇冻死，一头蛇却能钻进洞中保命的故事来教育四个儿子要团结，并最终确立窝阔台为汗。临终遗嘱明确说："吾殆至寿终时矣，我为汝等创此基业，无论东西南北，自此首往彼首，皆有一岁期程。我遗命无他，汝等欲能御敌，多得民人，必合众心为一心，方可长享国祚。我死后汝等奉窝阔台为主……"他并要诸子立下文书，保证在他死后不许改变窝阔台为汗的决定。

　　但是，成吉思汗的遗嘱虽起到了直接作用，由于汗位继承的规矩和蒙古"幼子守产"的制度，从而使窝阔台登上汗位也是困难重重。不管从哪个角度说，窝阔台坐上汗位是不会一帆风顺的。拖雷也不会轻易让本应属于自己的汗位落入别人之手，他一定会阻挠并伺机争夺的。

## ⚙ 幼子守产

　　蒙古人素有"幼子守产"的风俗，即蒙古人的家产继承法。当父亲在世时，年长一些的儿子们就各自分得一份家产（包括牲畜、奴婢和属民等），从此分家立业。余下的家产及父亲的营帐等全归长妻所生的幼子继承，这就是"幼子守产"的风俗。整个大蒙古帝国也是成吉思汗的家产，也要按这一原则分配。而且根据蒙古草原习惯，正妻所生的长子与幼子有优先继承权，因而成吉思汗立三子窝阔台为汗，术赤与拖雷怎能不有怨言？

　　长子术赤因孛尔帖被抢，夺回后不久即生产，被人怀疑不是成吉思汗的亲儿子，所以汗位难以定他。但拖雷是成吉思汗最宠爱的儿子，征战时必携与俱，并亲昵地称其为那可儿（伴当），但汗位的继承权却没落到拖雷头上，拖雷应是最愤怒的。当然成吉思汗心中也是觉得有点对不住拖雷，这从他分配给儿子们的职务与领地上就可看得出来。

　　波斯史学家志费尼在《世界征服者史》中说，成吉思汗根据四个儿子的才能，给他们安排了不同的职掌：长子术赤管狩猎，次子察合台掌法令，三子窝阔台主朝政，四子拖雷统领军队。

　　另一位波斯史学家拉施特在《史集》中也曾记道，成吉思汗考查了诸子才能之后，给了他们相适宜的职务。但对汗位的安排，有所犹豫，时而想到气度恢弘、宽厚明达的三子，时而又想到勇敢善战、有勇有谋的幼子。经过再三权衡，说道："王位和国家的事是桩困难的事，让窝阔台去治理吧。我的禹儿惕（宫帐）和家室，及军队、财宝等，都交给拖雷管。"并且拖雷的领土分的是"帝国的中心"——蒙古本土，足可见成吉思汗对幼子的愧疚之心。

在成吉思汗时代，拖雷便有也可颜（大官人）的称呼，在许多人心目中拖雷才是未来汗位的继承人。窝阔台的当选，拖雷内心一定是反对的，且拖雷分掌军队，成吉思汗死后，一定会发生宫廷争权斗争，呼日勒大会上的争吵便露出了这种苗头。

## 大忽里勒台会

阻碍窝阔台登上汗位的另一个原因是汗位的继承制度——汗必须由家族成员、高级将领、贵族参加的大忽里勒台会上被众人推举出来，才算正式而合法地坐上汗位。因了这一规定，窝阔台不能只依据成吉思汗的遗命继位，而要等大忽里勒台的最后决定。在汗位空缺的两年里（成吉思汗去世到大忽里勒台召开），由拖雷以幼子的身份监国摄政。

波斯史学家载：公元1229年举行的大忽里勒台会议是欢乐与团结的，宗王们一致同意成吉思汗的遗命，推举窝阔台为汗。但汉文史料里大会却不是风平浪静的。

《元史》之《耶律楚材传》中曾记拖雷以"事犹未集，别择日可乎？"企图把大忽里勒台的日期延后。又据李微朋《耶律楚材墓志》记，大忽里勒台的原定结束日期为公元1229年8月24日，但至22日"尚犹豫不决"。忽里勒台一般为四十天，三天狂欢，以后开始商议，这个会议整整讨论了三十五天还未定下，显然，宗王们并不是一致拥立窝阔台的。

会上有争议，窝阔台的对手必然是拖雷。窝阔台谦让的话里包含了问题的实质："虽则成吉思汗遗诏在此，然尚有我的兄长和叔伯，他们比我更胜此任。再者，遵照蒙古风俗，长室之幼儿为父亲继承人，而兀鲁黑那颜（拖雷）是长斡耳朵（宫帐）的幼子，始终日夜晨昏侍成吉思汗，耳闻目睹和熟悉他所有的律令。这些人都健在，我怎能继承汗位呢？"一言道出拖雷的对抗地位。

宣布《札撒》的窝阔台汗

## ❀ 明争暗斗

拖雷监国两年，也不会轻易交出大权。但史书中却载拖雷尽心尽力扶窝阔台登上汗位，此不与争斗的行为，得到人们的普遍赞扬。然事实绝非如此。只因当时术赤已死，拖雷一人无法与察合台、窝阔台争斗，势孤不能取胜。时间紧迫，拖雷也只好采取暂且退让的策略，转而支持窝阔台，使斗争真相被遮盖起来，并获得个好名声。

但窝阔台又怎能不心知肚明呢，在他登汗位不久，拖雷便不明不白死去了，窝阔台有没有动手脚，天知道。两个人的矛盾，转化为两派的斗争。

❀ 成吉思汗的孙子们

拖雷未得推立，在术赤与拖雷两系产生了深刻不满，两系的后人始终认为，汗位应属拖雷，他们的斗争更明朗化。

没有明确的继承制度，各个儿子又手握重兵，各踞一方，成吉思汗无疑没有为后代留下一个明确的答案。元朝的短命，皇权争夺，子孙不团结，无疑是成吉思汗最不愿看到的局面。

# 堪称有为的窝阔台

史书上说窝阔台以庄严、聪明、能干、善断、谨慎、坚定、老成持重、宽宏大量、公正著称。

## ⊛ 自评功过

窝阔台对自己的功过有过一番评价，他曾说："继承父亲大业后，我做了四件好事：第一，征服了金国，讨平了中原的百姓；第二，在各地设立驿站，沟通了东西南北的交通，便利了使臣往来和运输物品；第三，在干旱的地区掘井，使百姓获得丰美的水草；第四，在各城池派军队镇守，使百姓安居乐业。

"继承父亲的大业后，我也有对不起百姓的地方：第一，我嗜酒如命，整日沉湎于葡萄美酒；第二，我曾强夺叔父斡惕赤斤部落的女子，愧对叔父；第三，暗害了功臣朵忽鲁。他曾为我父亲效力，我却杀了他，如今悔之莫及；第四，我贪图天地所生的野兽，为防野兽跑到兄弟的领地，立寨筑墙加以阻拦，招来兄弟的怨言，这也是我的过错。继承父亲汗位后我做了这四件好事，犯了这四大过错。"

窝阔台自述有四功四过，作为皇帝有这样的态度也算难能可贵了。但《元史·太宗纪》对他的评价却是"举无过事"，意思说他从来没干过坏事。这显然是封建史家的阿

🐾 元太宗窝阔台

谀之词。金无足赤，人无完人，古今
中外，岂有例外？

## ◎ 宽厚的一面

当时蒙古人的习俗规定，在春
天和夏天，任何人都不能在光天化
日之下置身水中，不在河中洗手，
不用金银器汲水，也不把湿衣服铺
在草原上。因为他们认为这样会引
来雷击。这不难理解，在科学还很
落后的古代，草原上的电闪雷鸣的
确是够吓人的。

🌸 陶马俑

有一次，窝阔台和二哥察合台一起外出打猎，看到一个人在池塘里洗澡。严守
习俗的察合台要立刻杀了那人。窝阔台说："现在没时间，我们已经很累了，让卫士
今晚先把他看守起来，明天再审讯处死吧。"趁察合台不注意，他把一枚银币丢入池
塘，私下关照那个违禁的人在审讯时说：我是一个穷人，我的钱掉到水里去了，我下
水是想把它捞起来。第二天审讯时，那人就这样说了。派人到池塘去打捞，果真找到
了银币。窝阔台说："谁有胆量敢违反禁令呢？要知道这个不幸的人是为了这点小钱
而冒险下水的啊。"于是那人在保证今后决不重犯后被宽恕了，窝阔台还赏了他十个
银币。

从这件小事可以看出窝阔台确实比较开明，因此也颇得人心。愚蠢的国王以
杀人来树立自己的威势，聪明的君主则反其道而行之。

## ◎ 慷慨的大汗

成吉思汗生前对他几个儿子有过一番评价，他说："想要精通礼俗、规矩、律法的
人，就到察合台处去。追求勇敢、荣誉、武功的人，就去效力于拖雷。喜好陈慨大度和
想发财致富的人可去亲近窝阔台。"史书上确实记载了不少窝阔台慷慨施舍的轶事。

有一次，窝阔台走过集市，小铺里的蜜枣散发出诱人的香味。他很想尝一尝，
回到宫里就吩咐侍卫官去买那个小铺的蜜枣。侍卫买回一盘蜜枣，窝阔台一边品尝，
一边问道："付了多少钱？"侍卫道："付了一两银子。"窝阔台说："这么好吃的

蜜枣，一两银子太少了。"侍卫说："我所给的已经超过它们的价值十倍了。"窝阔台把他痛骂一顿说道："在店主的一生中，什么时候他还能碰得上像我们这样的买主呢？"他命令侍卫立刻再送十倍的银子给店主。

有个穷人用羚羊角做了一只大杯子，坐在窝阔台的出行之处。当窝阔台走过来时，他站起来献上杯子。窝阔台收了下来，并吩咐侍从给他五十两银子。一个极普通的杯子，居然要给这么重的赏金，侍从怀疑自己是否听错了，就又问了一下。窝阔台生气地说："对你们说过多少次，不要回驳我的赏赐，也不要对穷人吝惜我的财富！快给他一百两银子吧。"

中亚某国曾将一条用宝石镶嵌的金腰带献给窝阔台，他十分喜欢，平时经常佩带。有一次金腰带的扣子坏了，就把它交给工匠修理。工匠私下把腰带卖了，却总是推托还没修好。最后把他抓起来严加审讯，他才承认已卖钱花掉了。工匠被投入死牢，窝阔台知道真相后说："虽然这也是一桩大罪，但做出这样的事来，正证明他极端穷困、无路可走，给他一百五十两银子，让他重新做人，今后不许重犯。"工匠做梦也想不到居然因祸得福，自然是感激涕零，逢人便称颂大汗的宽宏大量。

## ◎ 赢得身后名

在财富和名声之间，窝阔台似乎更看重后者，他曾说："热衷于聚财的人是缺乏理智的，钱财的好处有限，人无不死，纵然有金山银山，死后又有何益？人又不能从彼世回来，所以我们要把真正的宝藏保存在心中，把尘世的财富散发给臣民，使美名远扬。"

窝阔台确实是够慷慨的，不过对他这样的一国之主来说，这些赏金不过是九牛一毛。何况羊毛出在羊身上，国库里的钱财本来就是从百姓头上刮来的。出格的施舍毕竟起到了广告效应，为大汗买来了好名声。

# 蒙古西征的继续

成吉思汗的子孙继承了其骁勇善战的品质，又开始了新一轮的开疆拓土。

## 🏵 诸子分得领地

第一次西征大胜以后，成吉思汗把占领地区作为"兀鲁思"（汗国封建领地），分封给他三个儿子。

长子术赤封于钦察、花剌子模及康里国故地，（今咸海以西，里海以北之地皆属之）术赤比成吉思汗早死，这一封地归于其子拔都。

次子察合台封于西辽及畏兀故地，东起阿尔泰山，西至阿姆河，包括新疆天山南北路等地，后来称为察合台汗国。

三子窝阔台封于乃蛮故地，今鄂毕河上游以西至巴尔喀什湖以东一带均属之，后来被称为窝阔台汗国。依照蒙古惯例，在成吉思汗死后，幼子拖雷获得其父的直接领地，即斡难河及客鲁连河流域一带蒙古本部地方。

## 🏵 蒙宋灭金

西夏的灭亡，解除了蒙古的后顾之忧，而金朝则失去了犄角之助。窝阔台（元太宗）成为大汗后，他在三年内（公元1230年—公元1233年）进一步缩小了包围圈，并积极与南宋取得联系，制定出联宋灭金的军事计划。公元1232年，蒙古派使者前往南宋谈判，应允灭金之后，以河南之地划归于宋。

公元1233年，蒙古包围了金的南京（开封）。金末代皇帝哀宗完颜守绪，逃往归德，南京旋降于蒙古。完颜守绪又逃至蔡州（河南汝南）。蒙古都元帅塔察儿再派使者至南宋襄阳，约攻蔡州。"冬十月，南宋孟珙、江海率师二万，运米三十万石，赴蒙古之约"。蒙古军与南宋会师蔡州。次年正月，宋军先破蔡州南门，然后招蒙古军入

在蒙古大汗帐幕中的拖雷

城。完颜守绪自杀。金朝在北方统治前后约一百二十年，至此结束。

## 🌀 拔都西征

公元1234年金亡之后，次年窝阔台在和林召开忽里勒台（大会议），决议远征欧洲。当时除了在经济上希图掠夺外，也希望通过西征来缓和内部权力之争的矛盾。第二次西征的统帅是成吉思汗的孙子、术赤之子拔都。

在公元1236年至公元1241年间，拔都统帅蒙古军渡过札牙黑河（今乌拉尔河），在亦的勒河（今伏尔加河）中游击溃不里阿耳部（今保加利亚），主力继续西进，占领了钦察以及从宽田吉思海、亚速海直到斡罗思东南的广大领土，又分兵进入孛烈儿（今波兰）和马扎儿（今匈牙利）等地。在今捷克一带遇到顽强的抵抗，拔都西进受阻。

适逢公元1242年4月窝阔台汗的讣报到达蒙古军营，大军便乘机回师。拔都则领本部留在钦察草原，建立了钦察汗国。俄罗斯编年史称钦察汗国为金帐汗国，这个名称在文献里一直沿用下来。

## 🌀 旭烈兀西征

公元1246年春，窝阔台之子贵由被立为大汗。贵由继汗位不到三年就死了，拖雷之子蒙哥即位。蒙哥决定由四弟忽必烈总管漠南，另外又派遣其六弟旭烈兀向西方进军。从公元1252年至公元1259年间的第三次西征，其目的是征服波斯（今伊朗）。

公元1256年，旭烈兀灭亡了木剌夷国。接着，又攻下阿拔斯哈里发的报达国（今巴格达）。公元1259年，进军苫国（今叙利亚）京城大马司（今大马士革）。算端（今译苏丹）纳昔儿弃城逃走。但在密昔儿（今埃及）援军的反攻下，蒙古军又退出苫国境。旭烈兀留居帖必力思，建立了伊利汗国。

## 🌀 四大汗国

成吉思汗建立的蒙古国家，经过三次西征，在兀鲁思的基础上，形成了钦察汗国、察合台汗国、窝阔台汗国和伊利汗国。四大汗国的汗，本是中央分封出去的四个最高军政首领，与中央保持有藩属关系，直接向大汗负责。

后来，蒙古各统治集团为争夺大汗权位，彼此间矛盾激化，加上各汗国间缺乏必要和有力的经济联系，因而使大蒙古国这个复杂的政治混合体日趋瓦解。

# "吾国撒合里"

耶律楚材以长胡子出名，史称他"美髯宏声"，当年成吉思汗亲切地称呼他"吾国撒合里"。

## 佛门英才

耶律楚材（公元1119—公元1244年），字晋卿，号湛然居士。因住在玉泉山一带，所以又称玉泉居士，契丹人。耶律楚材本是契丹贵族后裔，曾为金国官吏，后来降蒙古为臣，在元太宗窝阔台当政时期，大展宏图，尽其才智于国家大事，被窝阔台封为中书令，成为蒙古国的治国良臣，一代开国名相。耶律楚材是如何从一名金国降吏一跃而为开国名相的呢？

公元1189年，金国尚书左丞耶律履于花甲之年得子，异之。耶律履颇通占卜之术，他给儿子相面说："吾年六十而得此子，他日必成伟器，只是当为异国用。"遂引《左传》之"楚虽有材，晋实用之"的历史典故，为其取名为耶律楚材，字晋卿。耶律楚材长到3岁，耶律履去世，由母亲杨夫人抚养成人。耶律楚材自幼聪颖好学，至17岁博览群书，无书不读，"为文有作者气"。耶律楚材最通经史，于天文、地理、医卜、律历、释老、术数之类均有相当造诣。

公元1206年，耶律楚材"中科甲"，年仅17岁；24岁授开州同知；25岁拔为尚书省左右司员外郎。因见金章宗无能南逃，又目睹连年战乱，于是皈依佛教，拜万松老人为师，自称湛然居士，法号从源。焚膏继晷，几近三年。耶律楚材虽然身在佛门，"以佛治心"，却心系朝野，希望"以儒治国"，大展雄心。所以他这个彻底汉化了的崇佛尊儒的地主阶级知识分子，并未真心入佛教。

## 入仕蒙古

公元1215年，蒙军攻占中都，耶律楚材自

耶律楚材像

此降蒙。成吉思汗听说他有才智，能占卜，命其觐见。成吉思汗知道了耶律楚材原来是被金国灭掉的辽朝东丹王突厥的八世孙，便对他说："辽金世仇，今吾以替汝报耶？"耶律楚材回答道："臣父祖以来皆尝北面事金，既为臣子，岂敢复怀贰心，仇君父耶？"成吉思汗素喜忠义之士，见耶律楚材言语之中仍忠于故主，不禁心中喜欢，命"处之左右，以备咨访"。又见耶律楚材丰姿长髯，遂亲切称其为"长髯公"，而不直呼其名。

其实耶律楚材并未受到成吉思汗多大的重视，只是因他善占卜、懂术数，才受到礼遇。成吉思汗起初用一批畏兀儿人观测天象。有一次他们预测说今年5月15日要有月食，耶律楚材却说月食将发生于明年10月15，结果耶律楚材胜。成吉思汗更加佩服耶律楚材的占卜，说："汝于天上事尚无不知，况人间事乎！"

尽管如此，耶律楚材仍得不到成吉思汗的重用，只能继续充当神职人员。

有一个名叫常八斤的西夏人，因善造弓矢得宠于崇尚武力的成吉思汗，他很看不起耶律楚材等一批手无束鸡之力的儒生。有一次他对成吉思汗说道："国家方用武，耶律儒者何用？"耶律楚材立即针锋相对地回击："自古可以马上得天下，却不可以马上治天下。治弓尚需用尔等弓匠，为天下者岂可不用治天下匠耶？"成吉思汗"闻之甚善，日见亲用"。成吉思汗病危，召窝阔台说："此人天赐吾家，尔后军国庶政，当悉委之。"

## ◎ 渐成大器

成吉思汗死后，窝阔台与拖雷开始暗中争夺汗位。由谁来做大汗将会直接影响到蒙古国的稳定和以后的发展方向。耶律楚材希望选择一个有政治才能的人来当大汗，而窝阔台见识颖敏，意志坚定，是理想的人选。拖雷跟成吉思汗一样，崇尚武力，不喜儒生。因此在选汗大会上，耶律楚材没有倒向占多数的拖雷一边，而是以成吉思汗遗诏有命为依据，督促拖雷"早定宗社大计"，从而使拖雷打消了故意拖延选汗日期的打算，使窝阔台终于登上大汗宝座。耶律楚材因此功，被太宗誉为"社稷臣"得到信任和重用。

蒙古立国未久，又连年征战，国库急需补充。而蒙古人只知掳掠，不懂休养生息，给中原人民带来深重灾难。耶律楚材设十路征收课税所，起用著名儒生二十余人，使税收工作取得较好的成绩，上缴白银五十万两，金帛、粮食等财货无数。太宗奇之，于是在中央设中书省"即日拜中书令"，将更多的权力交给了耶律楚材，并规定"事无巨细，皆先白之"。至此，耶律楚材才由掌管文书、占卜者的必阇赤变成了蒙古大汗的亲臣、重臣，成为权重一时的国相。

## 治国良臣

耶律楚材当上中书令之后，励精图治，从政治、经济、文化思想等各方面推行封建化政策，将儒家治国思想运用于实践当中，从而使蒙古帝国接纳了中原封建文化的洗礼，绕过了游牧民族的历史暗礁，大大促进了蒙古国从奴隶制向封建制的转化。为此，耶律楚材进行了提拔重用儒臣，施行军政分立，加强中央集权等一系列措施，并反对屠杀，禁止扑买课税，对统治区的人民实行汉族编产制度，对蒙古国的巩固与发展以及社会的稳定和进步，做出了突出的贡献。

吹口哨雕砖俑

耶律楚材做出这些丰功伟绩的背后，是说不完的艰辛。当时"国家承大乱之后，天纲绝，地轴折，人理灭，天下一片混乱。而朝堂之上，诸国人皆有，其言语不通，意见及思想也各不相同，楚材'以一书生孤立于庙堂之上，而欲行其学，戛戛乎其难哉！'"但就是在这种环境中，耶律楚材以己主力"草创万有，权兴百度，兴礼乐于板荡之际，拯诗书于煨烬之余。黼黼皇献，经纬政体，变干戈而俎豆，易荒服而衣冠"，使得国有制，法有度，礼乐兴，社会初步安定下来。

蒙古国之所以没有骤兴骤亡，与耶律楚材开国创制有着不可分割的关系。耶律楚材"以唐虞吾君为远图，以成康吾君为己任"，"尽弥沦之术，入酬酢之汁"，终于使成吉思汗千辛万苦打下的江山巩固下来，为元朝的建立奠定了基础。耶律楚材作为一代开国名相，功不可湮。

## 孔门弟子

耶律楚材特别提倡尊孔兴儒，因为统治者对儒学的赞同与否其实就是是否实行封建政策的分水岭。为此，耶律楚材举孔子五十一代孙孔元措为衍圣公，建庙立林。并召名儒进宫讲经，传授蒙古贵族子弟以圣人之道。在他的努力和支持下，各地陆续兴办起了庙学，以致各地儒生群起响应，"四海钦风"，读书之声响彻大江南北。

耶律楚材上奏元太宗说："制器者必用良弓，守成者必用儒臣。"太宗于是答应

耶律楚材墓

"可官其人"。第二年大会科试，虽"被俘为奴者，亦令就试"。这次考试"得士四千三百人，免为奴者四之一。"在这批人中，出现了大批杰出人才。只可惜这种考试举行了一次，并未形成制度。耶律楚材还十分注意搜索、保存儒家经典，在征伐战争中，"诸将争取子女玉帛，耶律楚材独收遗书及大黄药材。"许多史书皆因耶律楚材的保存才得以留传下来，元朝修《辽史》就是以他保存的《辽实录》为资料的。耶律楚材平时爱吟诗，曾留《湛然居士集》、《西游录》等传世，堪称一代奇才。

## 贤相辞世

耶律楚材是历史上有名的清官。成吉思汗攻打西夏时，将领们纷纷抢夺金玉财宝，他却收集、保存了许多文集和大量的药材。后来军中疫病流行，这些药材救活了好几万人。公元1227年，他奉命到燕京整顿秩序。当时京畿之内，许多权势人家的子弟，一到黄昏就驾着牛车出来结伙抢劫、行凶杀人。耶律楚材不畏强暴，不为利害所动，秉公而断，公开斩首16名这类罪犯，为社会除了大害。公元1244年，享年55岁的耶律楚材仙逝，他病死后，有人诬陷他藏有私囊，检查以后，发现除了琴棋书画金石遗文之外，别无所有，足见他的清廉。遵其遗命，将其葬于燕京玉泉山下翁山泊之滨（今北京颐和园内昆明湖畔）。明代墓被盗，及清乾隆帝下令在原址重建祠宇，以弘扬"褒贤劝忠之道"。并在其碑文上写下了《耶律楚材墓诗及序》，其诗为："曜质潜灵总幻观，所嘉忠赤一心殚。无和幸免称冥漠，有墓还同封比干。"此诗高度评价了耶律楚材作为一代名相的历史功绩。

# 蒙哥登汗位

元宪宗蒙哥之所以能登上汗位，主要得利于贵由与拔都之间的矛盾斗争。

## ◎ 获利于兄弟矛盾

贵由与拔都斗争的后果是蒙哥渔翁得利，使汗位由窝阔台系转入拖雷系。蒙哥的母亲拖雷妃唆鲁和帖尼（或"莎儿合黑帖尼"）也巧妙地借助二人的矛盾，为自己的儿子夺取汗位立下大功。

拔都与贵由一直感情不和，既有父辈的矛盾在里边，也有二人的怨仇掺杂其中。据说贵由汗因拔都不觐见他而欲西巡攻打拔都，死于途中。贵由汗死后，他的皇后斡亦剌惕氏海迷失摄政。

海迷失没有治国才能，又一心沉迷于巫术，偏信女萨满法迪玛，搞得朝廷一片混乱。加上时逢大旱，饿殍遍野，经济崩溃，民怨沸腾。海迷失与女萨满成天于密室中策划，以实现她摄政的妄想。她的行为使人们感到失望，宗王们越来越感到，贵由之死，已使窝阔台系失去了最后一个有能力治理国家的人。

## ◎ 推举新大汗

拔都作为蒙古帝国中年龄最长、兵权最重的宗王，以兄长身份向各方面派出使者，请全体宗王到他的领地钦察草原来举行忽里勒台大会，推举新的大汗。会期定在己酉年（公元1249年）阴历四月，但是前来参加忽里勒台大会的人并不多，只有拖雷的几个儿子、合撒儿、帖木格及别勒古台的子孙和几个大将兀良哈台、速尔带、忙哥撒

绢质绣花靴套

儿等人前来参加。

窝阔台和察合台的后裔们以开会地点不是成吉思汗的根本领地为由拒不参加大会。海迷失慑于拔都的威望，派了两名使者前去参加大会，一个是贵由汗的亲信在叙利亚当司令官的额勒只吉歹（野里只吉带），另一个是巴剌斡罗纳儿台。他们主张："从前太宗窝阔台在位时，命以皇孙失烈门（阔出之子）为嗣，谅诸王百官都听说了。海迷失后抱失烈门听政，实是遵着太宗遗嘱，想来大家都不会有异议吧？"

忽然，忽必烈高声打断了他的话语："太宗既立失烈门，应该早立，为何以前你们不早一点遵从，反而选出了贵由为汗？"拖雷四子忽必烈的反问令巴剌和额勒只吉歹两人面红耳赤，无言以对。会上出现了一边倒的形势（本来大多数人就是拖雷系一边的人），众人在拔都的提议下，一致同意立蒙哥为汗。

直到此时，海迷失皇后和两个儿子忽察、脑忽才感到事态严重。他们以阿拉特忽拉兀不是可以举行忽里勒台大会的地方，坚决不承认那次会议的结果。

流露出好奇天性的侍童

## 正式成为可汗

拔都虽然生气，但还是同意再次召开忽里勒台大会。于是决定在蒙古人的发祥地——斡难河与克鲁伦洛河的河源阔迭兀阿剌伦召开会议，时间定为次年的春天。但是窝阔台系、察合台系的宗王们仍然拒绝前来，海迷失皇后竟然连代表也不派了。他们以为没有他们的参加，大会依然无法召开。

转轮排字盘

　　拔都听到这个消息，勃然大怒："你（别儿哥）只管安排大会的事，那些胆敢违背札撒的人都得掉脑袋。"反对的人听说拔都发怒了，都十分害怕，陆续派出了使者。海迷失也派儿子忽察和脑忽前往，但二子却迟迟未到。察合台系的也速蒙哥也未到会。但是，忽里勒台大会已不会再等他们了，于公元1251年2月23日，在拔都的支持下，蒙哥被推举为可汗，并顺利地举行了登基大典，汗位由此从窝阔台系转入拖雷系。

　　在这场可汗争夺中，蒙哥的母亲唆鲁和帖尼也起了重要作用，她一直在暗中积极准备把自己的儿子推上汗位。她看好了贵、拔两人的矛盾，决心利用这个难得的机会。她在拔都召开第一次大会，几乎无人响应的情况下，便劝儿子说："拔都正患足疾，宗王们也不肯遣使诏见探望，你应当前去。只要他肯鼎力相助，你说不定还有做大汗的希望呢。"当蒙哥风尘仆仆地赶到时，拔都果然大为感动。另外，唆鲁和帖尼的贡献就是还未证实的挑唆拔、贵二人的关系。

# 南宋悲歌

日益壮大的蒙古帝国统一天下的野心一发而不可收拾，元朝的建立吹响了南宋灭亡的丧歌。

## 蒙古南进

蒙古与南宋于公元1234年联合灭金后，双方开始处于正面冲突状态。宋将孟珙如约去接收河南地区的三京（开封、洛阳、归德），蒙古则决开黄河淹阻宋军，并用武力阻止宋军收复河南诸地，揭开了长期斗争的序幕。

窝阔台时期蒙古主力放在西征方面，对南方虽也曾试探性地出兵攻打过襄阳和川北，但都被孟珙击败。

蒙哥（宪宗）继窝阔台和贵由即大汗位后，为了缓和内部矛盾，除派六弟旭烈兀率军西征外，又令四弟忽必烈继续南进。但蒙古军在进攻南宋的战争中，遇到南宋军队的顽强抵抗，蒙古统治者认识到灭亡南宋不是件轻而易举的事，便采取迂回包抄的战略。忽必烈于公元1253年从宁夏经甘肃入四川，然后，分兵三路进攻云南的大理国，灭掉了云南地方政权。大理国传国二十二世，共三百一十六年。

## 进攻南宋

公元1257年，蒙古正式发动了对南宋的全面军事进攻。蒙哥亲率主力军自六盘山分路攻四川，命忽必烈攻鄂州（武昌），命兀良哈台自安南回师攻广西、湖南，北上与忽必烈在鄂州会师。蒙哥军一路进入四川后，沿途不断遭到南宋军民的顽强抗击。当时合州守将是知州王坚。他利用前任修筑的防御工事，和部将张珏坚守力战达五个月之久。

公元1259年7月，蒙哥亲自上阵督战，结果被宋军炮

宴会上的侍童

石射中，死于军中。蒙古军被迫撤退，合州之围始解。张珏继为合州守将，积粮练兵，与蒙古军长期对抗。公元1267年蒙古军数万来攻，又被击退。一直到公元1278年在重庆的保卫战中，张珏兵败被俘，自缢而死。

🦬 蒙古骑兵

## ⚜ 元朝建立

当忽必烈听到蒙哥汗的死讯时，为了争夺汗位，急于北返。这时，南宋权相贾似道慑于蒙古军的威力，暗中派人乞和。忽必烈答应了议和条件，撤兵北归。

忽必烈先回到自己的大本营开平（今多伦西北）作了一番部署，然后一反传统的选汗形式，于公元1260年3月在开平宣布自己即大汗位（元世祖）。同年4月，蒙哥幼弟阿里不哥也在和林即大汗位。

忽必烈凭借着汉族地主阶级和一部分蒙古贵族的支持，公元1264年终于击败了阿里不哥，夺得了最高统治权。

忽必烈深知，在当时情况下，必须先坐稳中原的皇位，才能保持住蒙古大汗的地位。他改变了蒙古传统的选汗制度，采取汉人预立皇太子的办法，确定帝位继承人，并于公元1264年建都燕京，改年号为至元。又依照中原的传统，采用《易经》"大哉乾元"的说法，于公元1271年改国号为大元。

元朝开国后，一切政治制度和国家机关组织大半都沿袭辽、金的旧章。公元1272年又在燕京旧城的东北筑新城，建设宫殿衙署。命名首都为大都。此后，元朝的政治重心就完全移到中原来了。

## ⚜ 南宋灭亡

为防临安的失陷，襄阳府和樊城是南宋抗元防线上的重镇。公元1267年冬，元军围攻襄、樊。两城坚守达六年之久，被围期间宋军多次向临安求援，贾似道隐匿军报，始终不派援兵。

公元1273年元军烧毁了浮桥，隔断了襄、樊两城之间的联系，并用新武器远射程的"回回炮"来轰击。樊城先被攻陷，守将牛富率众巷战，身负重伤投火牺牲。荆湖都统制范天顺力战不支自杀。

不久，襄阳守将吕文焕投降了元朝。元军攻下襄阳府、樊城后，南宋门户洞开，形势急转直下。

元军攻下襄阳府、樊城后，忽必烈派丞相伯颜督率大军，以降将吕文焕为前锋，由襄阳顺汉水而下，进入长江。南宋守将或败或降，沿江重镇相继陷落。

🐉 山西青龙寺壁画

公元1275年，在朝野压力下，贾似道不得已出兵应战，但十三万宋军，在池州下游丁家洲与元军遭遇后，一战即溃。贾似道旋被贬废，于途中被杀。

公元1276年2月，元军占领临安，俘南宋恭帝、全谢两太后并宋室官吏等北去。

# 蒙哥之死

南宋抗敌的最大胜利便是在合州射杀了蒙古可汗蒙哥。

## ◎ 命丧合州

窝阔台的儿子贵由汗死后，拖雷长子蒙哥在术赤之子拔都和大部分蒙古将领的拥戴下，继大汗之位，是为元宪宗。

窝阔台汗时期，曾追随拔都进行第二次西征，屡建奇功，使欧洲人闻风丧胆，被称之为"上帝之鞭"。

其弟忽必烈势力在中原地区迅速发展遭蒙哥猜忌，另一个弟弟旭烈兀也战功赫赫。久在蒙古的蒙哥跃跃欲试，也想和西征时一样亲领大军出征，以显大汗威风。他将主持中原事物的忽必烈召回蒙古，于公元1258年，亲率大军进攻南宋。

公元1259年，在蒙军大举进攻之下，"成都、彭、汉、怀、绵等州悉平，威、茂诸州亦来附"，四川州县相继失守。但就在蒙军一路攻城拔寨的强烈势头下，蒙哥却"折鞭"嘉陵江，在合州钓鱼山下丢掉了性命。

钓鱼山"倚天拔地，雄峙一方，三面临江，形势陡绝"，汹涌的嘉陵江水直扑钓鱼山而来，绕山屈曲环西折南而流，使钓鱼山一山拔地，三面环江，成为天险之地。守将王坚率南宋军民顽强抵抗，拒不投降。蒙哥二月围山，至七月不克，蒙军先锋总帅汪德臣至城下劝降，被宋军飞石击中，伤重而亡。不久蒙哥也死于合州城下。

蒙哥一死，蒙军便撤回蒙古，合州之役以南宋军民的胜利而告结束。钓鱼城因此成为"上帝折鞭处"。

## ◎ 死因众说纷纭

蒙哥是怎么死的呢？由于没有明确的史料记载，或史料记载内容不一致，使蒙哥的死因众说不一。

一、炮石所伤或炮风震伤而死。有人认为蒙哥是被宋军炮石击中，伤重不愈而死于军中。钓鱼城旧址脑顶坪据说是蒙哥受伤的地方，而喊天堡则是因蒙哥受伤后顿首

缂丝不动明王像

呼天而得名的。而类似的说法则认为蒙哥"为炮风所震，因成疾。班师至愁军山，病甚……次过金剑山温汤峡而亡"。

二、中箭而亡。南宋诗人刘克庄《蜀捷》一诗云："吠南初谓予堪侮，折北俄闻彼不支。挞览果歼强弩下，鬼章有人槛车时。"意思是说蒙哥南下攻宋之时，曾狂妄地叫嚷要消灭南宋，但却中途撤军北还，看来蒙古军队还是不够强大啊，挞主果然被射死。马可·波罗也称蒙哥腿上中箭，受伤而亡。明代所建钓鱼山忠义祠，其《新建二公祠堂记》中也说蒙哥被宋军飞矢射中而死。

三、病死军中。此说最早见于《元史·宪宗纪》："公元1259年6月，蒙哥患病'不豫，七月癸亥，崩于钓鱼山。'"毕沅《续资治通鉴》，清代魏源认为蒙哥是"触暴雨，不豫"而死（见《元史新编》）。波期史学家拉施特在《史集》中说："他得起赤痢来了，在蒙古军中也出现了霍乱，他们中间死了很多人。……他在那座不祥的城堡下去世了，享年52岁，死于他登上帝位之后的第八年。"这个说法影响很大。蒙军水土不服，又值盛夏，各种疾病流行，说蒙哥死于疾病也是有道理的。

四、焦虑过度，染疾死亡。清人毕沅在《续资治通鉴》中说："（蒙哥）因屯兵日久，得疾而死。"蒙哥曾在攻城之时，将合州城视为小菜一碟，以为不出一个月便能攻克。不料五个月了，也不能攻下。《万历合州志》载，南宋守将把两尾三十斤重的鲜鱼和一百多张面饼抛向蒙军，并嘲笑道："尔北兵可烹鲜食饼，再守十年，亦不可得也。"蒙古军半个世纪来，攻无不克，战无不胜，这样数月不克又遭嘲笑的境状使蒙哥的大汗颜面尽失，无功而返会遭到蒙古大臣和众兄弟们的嘲笑，有失大汗尊严。但一时却又攻克不下，不禁使蒙哥焦虑、烦躁，身体素质下降，极易得病。但不管什么原因，最后蒙哥还是死于疾病上。

五、还有一种说法，认为蒙哥是被淹死的。公元1307年，朝觐过蒙哥的小亚美尼亚国王海屯口授东方史《海屯纪年》中说，蒙哥在合州作战时，战船被宋军凿沉，蒙哥被淹死于嘉陵江中。但此说法似乎不太可靠，无人响应。

这些说法都各有其理，但又毫不一致，无法让人肯定谁的说法更确切一些，蒙哥之死的原因只有待史学界更进一步的研究，才能大白于天下。

# 丹心照汗青

人生自古谁无死、留取丹心照汗青。

## 🌀 少年得志

　　文天祥，字宋瑞，号文山，公元1236年生于江西庐陵（今江西吉安南）淳化乡富田村的一个地主家庭。其父爱读书，也很重视孩子们的学业，设法聘名师就教。文天祥无论寒暑都要在贴满格言警句的书斋中与弟弟一起诵读、写作、谈古论今。

　　18岁时，文天祥获庐陵乡校考试第一名，20岁入吉州（今江西吉安）白鹭洲书院读书，同年即中选吉州贡士，随父前往临安（今杭州）应试。

　　在殿试中，他作"御试策"切中时弊，提出改革方案，表述政治抱负，被主考官誉为"忠君爱国之心坚如铁石"，由理宗皇帝亲自定为六百零一名进士中的状元。四天后父亲不幸病故，文天祥归家守丧三年。

## 🌀 宦海浮沉

　　后来，蒙古军两路攻宋，蒙哥率西路入川，攻战成都。忽必烈率东路，越天险长江与自云南北上潭州（今长沙）的另一支蒙古军合围鄂州（今武昌）。南京朝野震惊，宦官董宋臣提请避兵迁都四明（今宁波），以便理宗随时逃往海上。对此，文天祥仅以进士身份大胆上书直言："陛下为中国主，则当守中国；为百姓父母，则当卫百姓。请斩董宋臣以安人心。"后因蒙哥死，忽必烈欲北归争夺汗位，才允准南宋右丞相贾似道秘密称臣纳贡后撤军。

　　贾似道转而谎报朝廷："诸路大捷"，被加封卫国公，大权独揽。继而度宗即位，耽于酒色，贾似道欺上瞒下，国事益乱。文天祥奏疏无人理睬，只被派一闲差。

🌀 文天祥像

此后十几年中，文天祥断断续续出任瑞州知州、江西提刑、尚书左司郎，或半年或月余。后来又因讥责贾似道而被罢官。

## ⊛ 挺身救国

忽必烈即帝位后，改国号为元，于公元1274年发二十万元军水陆并进，直取临安。南宋政权一片混乱，度宗死，仅4岁的赵㬎即位，为恭帝。谢太后临朝，要各地起兵"勤王"。

次年，任赣州（今江西赣州）知州的文天祥，散尽家资招兵买马，数月内组织义军三万，以"正义在我，谋无不立；人多势众，自能成功"的信心和勇气，开始了戎马生涯。义军赶往吉州，文天祥受任兵部侍郎，获令屯军隆兴（今江西南昌）待命，几经阻挠才得入卫临安。

不久出任平江（今江苏吴县）知府，奉命驰援常州。在常州，义军苦战，淮将张全却率官军先隔岸观火，又临阵脱逃，致义军五百人除四人脱险外皆壮烈殉国。这年冬天，文天祥奉命火速增援临安门户独松关，离平江三天后，平江城降。未到目的地，关已失守。急返临安准备死战，却见满朝文武纷纷弃官而逃，文班官员仅剩六人。

公元1276年正月，谢太后执意投降。元将伯颜指定须由丞相出城商议，丞相陈宜中竟连夜遁逃，文天祥即被任右丞相兼枢密使都督出使议和。谈判中，文天祥不畏元军武力，痛斥伯颜，慨然表示要抗战到底遂被扣留，又被押乘船北上，文天祥初以绝食抗议，后在镇江虎口脱险。

## ⊛ 坚持抗元

由于元军施反间计，诬说文天祥已降元，南返是为元军赚城取地，文天祥屡遭猜疑戒备，颠沛流离，千难万死两个月，辗转抵温州。这时，朝廷已奉表投降，恭帝被押往大都（今北京），陆秀夫等拥立7岁的赵端宗在福州即位。文天祥又奉诏入福州，任枢密使，同时都督诸路军马，往南剑州（今福建南平）建立督府，派人赴各地募兵筹饷，号召各地起兵杀敌。秋天，元军攻入福建，端宗被拥逃海上，在广东一带乘船漂泊。

公元1277年，文天祥率军移驻龙岩、梅州（广东梅县），挺进江西。在雩都（今江西南部）大败元军，攻取兴国，收复赣州十县、吉州四县，人心大振，江西各地响应，全国抗元斗争复起，文天祥号令可达江淮一带，这是他坚持抗元以来最有利的形

陆秀夫像

势。元军主力开始进攻文天祥兴国大营，文天祥寡不敌众率军北撤，败退庐陵、河州（今福建长汀），损失惨重，妻子儿女也被元军掳走。

## 兵败被俘

公元1278年春末，端宗病死，陆秀夫等再拥立6岁的小皇帝，朝廷迁至距广东新会县五十多里的海中弹丸之地，加封文天祥信国公。冬天，文天祥率军进驻潮州潮阳县，欲凭山海之险屯粮招兵，寻机再起。然而元军水陆猛进，发起猛攻。

年底，文天祥在海丰北五坡岭遭元军突然袭击，兵败被俘，立即服冰片自杀，未果。降元的张弘范劝降，遭严词拒绝。文天祥曾写《过零丁洋》以明志："辛苦遭逢起一经，干戈廖落四周星。山河破碎风飘絮，身世浮沉雨打萍。惶恐滩头说惶恐，零丁洋里叹零丁。人生自古谁无死，留取丹心照汗青。"

文天祥被迫目睹陆秀夫负主投海，张世杰被台风恶浪吞没，悲痛欲绝。苟延残喘的南宋小朝廷灭亡了。元将张弘范在庆功宴上向文天祥敬酒说："宋朝已亡，你的忠孝也尽到了。丞相如能为元朝做事，元朝宰相岂不非你莫属吗？"文天祥说："国亡而不能救，做大臣的死有余辜。难道还能贪生怕死，背叛祖国吗？"

## 此恨凭谁雪

4月22日，文天祥被押往大都，一路上"风雨羊肠道，飘零万死身"，路过文天祥的家乡时，怕有乡亲劫船，便把他颈项和双足捆锁在船里。文天祥绝食反抗八天，因听说船将在建康停留，又唤起了逃跑的希望，恢复饮食。在建康，被严密隔离囚禁的文天祥写下了"铜雀春情，金人秋泪，此恨凭谁雪？堂堂剑气，斗牛空认奇杰"的词句。

10月初，辗转万里，文天祥被押解到大都。被带到接待投降者的"会同馆"，安置在高贵的房间里，摆有佳肴美酒。第一个来劝降的就是留梦炎，此人与文天祥都是南宋状元，官至丞相。他在临安危急时弃官逃走，降元后，任元朝礼部尚书。文天祥见到留梦炎便厉声斥骂，留梦炎只得窘然退下。接着，南宋亡国之君，9岁的赵㬎又来了，文天祥连声说"圣驾请回"后，便闭口不语了。

再往后，元朝专横跋扈的宰相阿合马来了，劈面喝问文天祥："见了宰相为何不跪？"文天祥说："南朝宰相见北朝宰相，凭什么要跪？"阿合马见文天祥威武不屈，便讥讽地说："那你怎么会来到这里呢？"文天祥正言厉色答说："南朝如果早用我做宰相，北人就到不了南方，南人也不会来北方了。"阿合马无言答对，色厉内荏地环顾左右说："这个人生死由我……"文天祥立即打断他的话，高叫："亡国之人，要杀便杀，说什么由不由你！"

## ✿ 而今而后，庶几无愧

一个月后，文天祥被带到枢密院，见元丞相孛罗。文天祥泰然自若站定，立刻有官员喝令："跪下！"文天祥拒不跪下，孛罗令差官按文天祥跪倒，尽管一群走卒拳脚相加，文天祥被拽倒后还是拼死坐在地上，始终没有屈服，通事（翻译）传话："你还有什么话说？"文天祥答："我尽忠宋朝，才有今天，请你们快快处置吧！"孛罗又说："你们丢掉君王（赵㬎）。先后另立二王，算什么忠臣？"文天祥答："社稷为重，君为轻。"孛罗再问："那你干出什么功绩了？"文天祥答："做一天臣子尽一天责，谈何功绩！"又说："现在只有一死，不必再说什么！"孛罗叫道："你要死，我偏不叫你死，要把你关押起来！"文天祥凛然答说："我为国死都不怕，还怕关押！"

元统治者又将他投入监牢，囚禁折磨达三年之久，使他读到正在元宫中充当女仆的被俘妻女的信，使他已降元的弟弟来狱中探望。但文天祥不为百般折磨、千般利诱、万缕亲情所动，凛然作《正气歌》，颂历史人物不朽业绩，抒"是气所磅礴，凛烈万古存，当其贯日月，生死安足论"之志向。

一日，忽必烈亲自劝降，说："现在你如能用对待宋朝那样对我，立即任你为丞相。"文天祥虽被卫士用金棍击伤膝骨，仍泰然处之，昂首挺立，答曰："一死之外，无可为者。"次日，文天祥便被杀害，时年47岁。

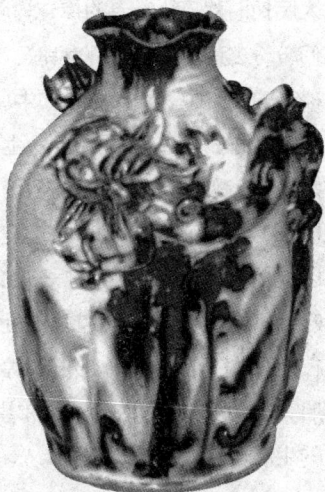

红褐彩谷仓罐

# "衣被天下"

在遥远的海南有一位伟大的妇女默默地为她的国家做着极有意义的事业。

## 黄道婆

　　黄道婆，又名黄婆，我国元代著名的棉纺织革新家。元贞年间，她将在崖州（今海南岛）生活三十余年所学到的纺织技术进行改革，制成了一整套扦、弹、纺、织工具（如搅车、椎弓、三锭脚踏纺车等），极大地提高了当时的纺纱效率。在织造方面，她用错纱、配色、综线、花工艺技术，织制出有名的乌泥泾被，推动了松江一带棉纺织技术和棉纺织业的发展，使松江在当时　度成为全国棉纺织业的中心，对当时植棉和纺织技术的发展起到了很大的推动作用。

## 离乡背井

　　黄道婆生于南宋末年淳祐年间（约公元1245年），是松江府乌泥泾镇（今上海市徐汇区）人。南宋末年是一个多灾多难的年头，战乱频仍，民不聊生。江南地区人民长期蒙受统治者的掠夺与压榨，遇到旱涝之年，人们纷纷逃荒。在"男尊女卑""三从四德"等封建礼数盛行的社会中，妇女更是如牛马般在苦水中煎熬。

　　黄道婆十二三岁时，为生活所迫，给人家当童养媳，而偏偏又遇上刻薄的婆婆、蛮横的丈夫。一天，由于劳累过度，她织布时速度慢了一些，公婆、丈夫以此为借口，将她毒打一顿，锁在柴房里不给她饭吃，不让她睡觉。黄道婆无处诉苦，便横下一条心，在房顶掏了一个洞，逃上了停靠在黄浦江上的一艘帆船，随船到了海南岛南端的崖州，从此开始了不平凡的生活道路。

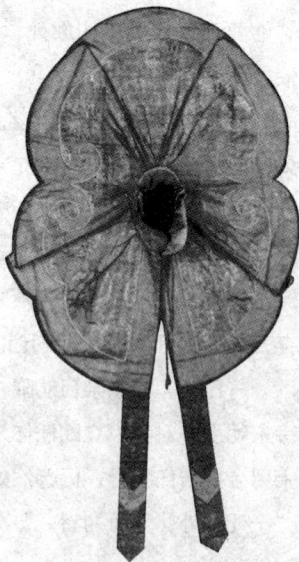
元代织锦

蔽膝

## 海南学艺

我国是纺织业的发祥地，湖南长沙马王堆一号西汉古墓出土的200多件织工考究、色彩斑斓的丝麻织品，说明在两千多年前人们就掌握了相当先进的纺织技术。宋朝时纺织业在内地逐渐发达起来，海南岛在十一世纪（北宋中期）为满足人们日用之需，已经开始大面积地植棉。赵汝适《诸蕃志》说黎族"妇人不事蚕桑，惟织吉贝花被、缦布、黎幕"。方勺《泊宅编》记载："闽广一带纺绩……摘取出壳，以铁杖捍尽黑子，徐以小弹弓，令纷起，然后纺绩为布，名曰吉贝。"相对来说，当时内地的纺织产量不高，因此布匹的质量低劣，不能成为人们主要的衣着用品。而海南岛一带生产的棉织物，品种繁多，织工精细，质量、色彩均居全国之首，作为"贡品"进入都城临安（今浙江杭州）的各类棉布就有二十余种。

棉布比之丝织物有着许多长处，王祯《农书》里说它"无采养之劳，有必收之效；免缉绩之工，得御寒之益。可谓不麻而布，不茧而絮"。黎族人民还能织出坚厚的兜罗棉、番布、吉贝等纺织品，染成各种色彩的黎单、黎棉、鞍搭等，销往全国各地。

黄道婆就是在这样一种特定的历史条件下，来到海南岛的。她与黎族人民一起日出而作，日落而息，在共同的劳动生活与交往中，努力学习和掌握当地先进的棉纺织技术。黎族同胞的细心传授，黄道婆自己虚心刻苦的学习，使她了解并熟悉了各道棉和织布工序。在实践中黄道婆还融合吸收了家乡织布技术的长处，逐渐成为有着精湛技术的纺织能手。

日月如梭，斗转星移。在海南生活劳作的黄道婆不觉已度过了二十多个春秋。中年之后，思乡情最切。桑梓故园之思，桑榆晚景之感，叶落归根之情，使"有志复赤子"的黄道婆在元成宗元贞年间（公元1295年—公元1297年），带着黎族人民的深情厚意和祝福，身背踏车、椎弓等纺织工具，踏上了北归的路途。

## ❀ 回乡劳作

随着时代的前进，生产力也必然要向前发展。棉纺织业简陋的生产条件和落后的技术水平的改变，发生在宋末元初这一历史时期，黄道婆对这一重大变革作出了巨大贡献。

黄道婆重返故乡的时候，植棉业已经在长江流域大大普及，但是纺织技术仍然很落后。她回乡后，看见妇女仍然用红肿的手剥棉籽，男人依旧用小竹弓弹棉花，而且织出来的布还像从前一样粗糙，就致力于改革家乡落后的棉纺织生产工具。

据陶宗仪《辍耕录》记载："乌泥泾初无踏车椎弓之制，率用手剖去籽，线弦竹孤，置案间振掉成剂"，操作起来十分辛苦，生产效率又极低。

黄道婆先改革了纺织工具，"乃教以做造擀弹之具，至于错纱配色，综线絮花，各有其法"，然后将黎族人民先进的棉纺织生产经验与汉族纺织传统工艺结合起来，系统地改进了从轧籽、弹花到纺纱、织布的全部生产工序，并创造出新的生产工具，把自己掌握的精湛的织造技术毫无保留的传授给了故乡人民，将松江地区的棉纺织技术提高到了一个相当高的水平。

## ❀ 革新技术

黄道婆首先从棉纺织的第一道工序"轧棉去籽"着手，她最初教人用铁杖来擀尽棉籽，以代替原始的用手剖去籽的方法。

后来黄道婆又把黎族人民用的搅车介绍过来。搅车又名轧车，是由装置在机架上的两根辗轴组成，上面的是一根小直径的铁轴，下面的是一根直径比较大的木轴，两轴靠摇臂摇动，向相反方向转动。把棉花喂进两轴间的空隙辗轧，棉籽就被挤出来留在后方，棉纤维（皮棉）被带动前方。

应用搅车后，完全改变了当时用手剥籽或用铁杖擀去籽的落后状况，大大提高了生产效率，是当时皮棉生产中一件重大的技术革新。

然后，黄道婆认为原先弹松棉花的操作太原始粗糙。经过试验她不仅把原来的小弓改成1米多长的大

❀ 女仆托盘铜烛台

弓，用粗绳弦代替细绳弦，而且还用檀木做的椎子击弦弹棉。这样既比以前用手指弹拨的小竹弓提高了效率，又使弹出的棉花均匀细致，不留杂质，提高了纱线的质量。

最早的木楼阁

在纺纱这道工序上，黄道婆所用的心力最多。她发现当时人们使用的旧式单锭（一个纺锭）手摇纺车，功效很低，要三四个人纺纱才能供上一架织布机的需要，对加快织布速度障碍很大。黄道婆就与木工师傅一起，经过反复的试验和不断的改进，终于研制出了一种三锭式（三个纺锭）的棉纺车，使纺织效率一下子提高了两三倍，操作也比原先方便省力。黄道婆创造性地发明了三锭脚踏纺车，代替了沿袭了几千年的单锭手摇纺车，这是棉纺织史上的一次重大革新，是黄道婆对棉纺织业的卓越贡献。这种新式纺车很快被人们接受与运用，在江南一带推广普及后，生产的棉布在数量和质量上都大为改观。这种纺车成了当时世界上最先进的纺织工具。

元初著名农学家王祯在《农书》中介绍了这种纺车，其中的《农器图谱》还对木棉纺车进行了详细的绘图说明。

这是我国古代棉纺织技术处于世界领先地位的有力证明，同时也显示出黄道婆不但在中国，而且在世界棉纺织史上所具有的崇高地位。

另外，黄道婆还充分利用和改进了传统的丝绸生产工具和技术，精益求精地提高了整丝和织布工艺质量，使当地人民能用纱线织出各种色彩的棉布，其绚丽灿烂的程度能与丝绸相媲美。

王祯在《农书》中记载当时已用拨车、线架等纺织工具来分络各色棉纱，还记载了织布机与丝绸机的相同之处。这是黄道婆与劳动人民一起，把丝织生产经验运用于棉纺织业，改进了原先所使用的投梭织布机的又一革新创造。

## 无私传技

黄道婆的历史功绩，还在于她把从海南岛人民那里学来并掌握的织造技术，结合自己的实践经验，向乌泥泾人民介绍并推广了织造崖州被面和其他精美棉织品的方法。

她总结了一套比较先进的"错纱配色，丝线絮花"的织布技艺，推广运用后，使当地的棉纺织业形成了全新的格局，当时乌泥泾地区以棉织业为生的增至千余家。

经过黄道婆的热心传授，乌泥泾人民能织出宽幅的被、褥、带等多种棉纺织品，上面织有传统的折枝、团凤、棋局、字样等"粲然若写"的生动图案。

"乌泥泾被"一时成为名闻全国的产品，附近地区都竞相仿效，"尽传其法"，产品美名不胫而走，蜚声各地。

黄道婆根据自己几十年丰富的纺织经验，和广大劳动人民一起，对当地落后的棉纺工具做了大量改革，创造了一整套的"擀、弹、纺、织"工具。

由于黄道婆对棉纺织技术做出了这样巨大的贡献，当地劳动人民都深情地热爱她，怀念她。她死后大家把她公葬了，并且还在镇上替她修建了祠堂，叫先棉祠，以后其他地方也都先后为她兴建祠堂，表达了人民对这位纺织先驱者的感激和怀念。

## 其风悠悠

黄道婆去世后不久，松江一带就成为全国的棉纺织业中心，历数百年之久而不衰。明朝正德年间（公元1506年—公元1521年），当地的棉纺织业达到高峰，织出的棉布一天就有上万匹。松江棉布远销各地，还出口到欧美，深得各个国家人们的赞赏，赢得了极高的声誉。从此，内地的衣着用品逐渐以棉布代替了丝麻，棉织业迅速在全国发展起来。"衣被天下"的松江布是广大劳动人民智慧和汗水的结晶，更蕴含着黄道婆这位棉纺织革新家的心血和精力。正是由于黄道婆的不懈努力和非凡创造，拓展了我国棉纺织业的广阔天地，谱写了纺织科学的崭新篇章，其遗风所及，至今犹存，泽福后人，永垂青史。

棉纺织技术革新家黄道婆的伟大实践和贡献，人民是永志不忘，一首上海地区世代流传的民谣表达了人民群众对这位杰出妇女的赞颂和铭记：

黄婆婆，黄婆婆，

教我纱，教我布，

二只筒子，两匹布。……

# 旷世一帝

元世祖忽必烈，这个中国历史上拥有土地最多的少数民族皇帝留给了后代太多的感叹。

## ⊚ "不可马上治天下"

忽必烈是成吉思汗的孙子。成吉思汗去世时，忽必烈的父亲拖雷曾临时任监国，后由拖雷之兄窝阔台继汗位，为太宗。太宗死后，皇权转到了拖雷系，由拖雷之子，忽必烈之兄蒙哥继位，为宪宗。

太宗在位时，年轻的忽必烈身为藩王，就初显锋芒，他同诸多中原汉族士大夫、有识之士建立密切联系，虚心请教治国方略。在忽必烈的周围渐渐形成了一个汉儒幕僚集团，使得忽必烈的治国思想朝着不同于同辈皇兄弟的方向发展。

忽必烈在漠北和林时，汉僧刘秉忠就提出了"以马上得到天下，不可以马上治天下"的大问题，并以历代封建统治的经验，灌输给忽必烈。

他还进一步论述旧制度造成的弊害，主张建朝省、立法度、定官职、饬赋税，采用汉法，这对忽必烈思想意识的转变具有极大的影响：

南宋淳祐二年（公元1242年），另一汉族知识分子怀化（今属山西）人赵璧也奉诏来到忽必烈的府下。赵璧曾跟随著名文人李微、兰光庭学习，颇通儒术，很受忽必烈的信任。通过他们的帮助，忽必烈对中国前代王朝的治乱兴衰已颇为了解。

忽必烈不仅自己努力接受、学习汉文化，还要其他蒙古贵族跟着学。他的儿子真金太子从小就跟姚枢、窦默学习《孝经》。当上中书左丞的阔阔，原为忽必烈在潜邸时的近侍，忽必烈让他拜王鹗为师，学习"治道"。

## ⊚ 展露政治才能

淳祐十一年（公元1251年）6月，蒙哥继承汗位，汗位由窝阔台系转到拖雷系手中，为了把权力确保在拖雷系家族手中，蒙哥即位之后即将漠南汉地军国庶事全部委托给忽必烈掌管。次年，忽必烈又得到关中地区作封地。

但是，忽必烈所面临的漠南地区绝非遍地珠宝、庶富繁荣，而是一片横遭兵燹破坏、苛政盘剥下的焦土。蒙古军进入中原之初，进行了赤裸裸的直接抢掠。窝阔台继位之后，掠夺形式有所改变，他任用耶律楚材进行改革，其宗旨是以中原地区行之已久的赋税办法来代替旧的蒙古贵族杀掠式的和无限制的不时需索，以便保持在汉地的统治。绍定三年（公元1230年）初行税法，小见成效。但由于蒙古贵族的反对，耶律楚材的改革以失败告终。到蒙哥即位前夕，"汉地不治"的情况更为严重，时人许衡认为，由于虐政的压迫，人民困弊至极，眼看就要到聚而为乱的地步了。登基伊始，蒙哥颇有革除积弊之势，但是由于蒙哥一系列的征争，这些措施很快就瓦解了。人民的负担越来越重，人们为了逃避债务催逼，纷纷逃亡，使土地大量荒芜。

忽必烈在掌管漠南汉地军国庶事之后，面对"汉地不治"的情况，一方面进一步拉拢汉族人士，一方面为积聚雄厚的物资、军事基础，断然采取了招抚流亡、禁止妄杀、屯田积粮、整顿财政等一系列措施，并任用熟悉汉法的宋金官僚、知识分子进行统治，初步扭转了这种局面。

## 恢复中原

忽必烈封地内的邢州（今河北邢台），金朝时八县共有八万零二百九十二户。在蒙古贵族入侵之后，到忽必烈受封之初，当地民户已急遽地下降到五百至七百户。忽必烈决定以治邢为试点，派脱兀脱、张耕、李简等人去邢州。三人到邢州后，同心协力，洗涤蠹敝，革除贪暴，务在安民，不到一个月，户口便增加了十倍。忽必烈从治邢的成效中大有感触，更加器重儒士，逐步委为重任。又派杨惟中、史天泽、赵璧等治理河南，使河南经济得到了部分恢复。

🦁 元世祖忽必烈狩猎图

漠南汉地，由于当时典章未备，法制不立，贵族、官吏随便杀人的现象经常发生。宪宗的断事官牙剌瓦赤、不只儿等，一天内竟判决二十八人死刑。为了安定民心，忽必烈屡次禁止诸将妄杀无辜，军士有违令的，杀以示众，致使诸军凛然，几乎没有敢违犯命令的，对掳获的战俘，不杀也不掳为奴，而是主张释放。

另外，为了筹备进攻南宋的军粮、军费，忽必烈还十分注意屯田：以盐换粮，供应军饷。并在京兆（今西安）设立交钞提举司，印发纸钞。这样，忽必烈逐渐控制了当时蒙古政权在中原汉地的很大一部分财权。

忽必烈自掌管漠南汉地军国庶事之后所实行的一系列措施，使中原地区得到了初步的治理，人户逐渐地增加，经济慢慢恢复起来，为忽必烈夺取政权奠定了经济基础。

## 🏵 隐忍避祸

忽必烈采用汉法治理汉地，必然损坏了蒙古游牧贵族和西域商人的利益。他在中原威望的日增，在治理陕西、河南过程中大量财力、物力的积聚，又形成了对蒙哥汗权的威胁。宝祐五年（公元1257年），蒙哥借口忽必烈刚打完仗，又患有脚病，让他留在家中休息，而以塔察儿为左翼军统帅，解除了忽必烈的兵权。不久，蒙哥又突然决定亲征南宋。

忽必烈岌岌可危！当时的情况下，忽必烈身为藩王，调动军马及粮饷的权力都在大汗手里，因而断难与蒙哥一决雄雌。

不得已，忽必烈听从了姚枢的建议，反把妻子、儿女送到汗廷作人质，表示并无异志。当年11月，忽必烈又亲自谒见蒙哥，兄弟相见之下，蒙哥尴尬万分，终于消除疑虑，动了手足之情，不让忽必烈再说什么，而表示谅解。忽必烈也撤消了设在邢州、陕西、河南的机构，调回了自己派出的官员。

这样，忽必烈以谦恭忍让保全了自己，避免了一场不测之祸。

## 🏵 武装夺权

但是，忽必烈并没有放弃控制中原汉地的雄心。后来，蒙哥因塔察儿军事失利，又命忽必烈重率东路军征宋。在征宋的过程中，忽必烈又重新把东路军的大权控制在自己的手中。

开庆元年（公元1259年）7月，蒙哥在攻宋战争中身负重伤，死于合州（今四川合州）钓鱼山下。留在漠北和林的忽必烈的弟弟、倍受蒙哥信任的阿里不哥在蒙哥诸子和亲信大臣的支持下，急忙策划继承汗位。一场权力争夺战旋即展开。

宪宗蒙哥是在南下伐宋的战争中死于合州城下的，因此，他生前没有像太祖铁木真、太宗窝阔台那样对嗣位问题做出安排。这就在蒙古王室内部引起了关于汗位的归属的激烈争吵。忽必烈有资格接替大汗地位，但其皇弟阿里不哥和宪宗的儿子们也可以继承汗位。这样，争夺汗位的斗争不可避免地在拖雷系诸王间发生了。

宪宗蒙哥南征时，阿里不哥奉命留守和林，主持大兀鲁思，管理留守军队及诸斡儿朵，在政治上处于十分优越的地位。另外，皇后忽都台以及蒙哥诸子都拥护阿里不哥，这就增加了阿里不哥政治上的声势。在军事上，他拥有留守和林的军队，随从宪宗南征的军队也有一部分归附了他。蒙哥去世后，大军在攻宋前线，阿里不哥先发制人，派阿兰答儿发兵于漠北诸部，派脱里赤括兵于漠南诸州。阿兰答儿乘机调兵，进至离开平一百余里的地方。开平一带是忽必烈经营多年的根据地，阿里不哥的军事行动给忽必烈造成了极大的威胁。

蒙哥去世时，忽必烈正奉命南征。为争夺王位，忽必烈决定返回漠北。正好南宋贾似道派使讲和，忽必烈当即同意，断然把大军留守在江北，自己率一支亲军先行。中统元年（公元1260年）3月，忽必烈到达开平，召集忽邻勒塔。在诸王塔察儿、也先哥、合丹、末哥等以及大臣再三劝进下，忽必烈在和林自称奉遗诏，在另一些王的拥戴下继承汗位。至此，只有用武力来解决汗位问题了。经过四年大战，阿里不哥众叛亲离，至元元年（公元1264年）7月，不得已归降了忽必烈。

## 统一全国

至元元年（公元1264年）8月，忽必烈迁都燕京，改燕京为中都，至元九年（公元1272年），改中都为大都，把中央政权机构设于此地。这一举动一方面避开了叛乱诸王的威胁，立足于人力、物力俱丰的中原地区，以驾驭幅员辽阔的大蒙古国；另一方面，显露了忽必烈在取得蒙古大汗地位之后，志在灭掉南宋，一统天下的雄心壮志。至元八年（公元1271年）11月，忽必烈宣布将"大蒙古"国号改为"大元"，以一个新朝雄主的姿态登上历史舞台。

在即位的最初几年里，忽必烈致力于巩固汗位，对南宋只求维持现状。至元四年（公元1267年），忽必烈在巩固了自己的地位、作了长期备战之后，便举兵南下伐宋。至元九年（公元1272年）正月，元军攻克襄阳。

元军占领襄阳之后，就等于一脚踢开了南宋的大门，南宋王朝的灭亡是无可挽回的了。至元十六年（公元1279年）2月，南宋的最后据点崖山被攻破，南宋灭亡，全国统一于元。

# 元朝建立

忽必烈建立元朝，结束了自唐以来分裂时期，使中国再次实现了大统一。

## 汉化政策和制度的确立

元朝建立后，有意识地保留了中原的一些封建制度，但关于采用什么政策来统治汉地的问题，从蒙古建国之初就有争论。元世祖即位后，围绕着采用汉法问题，斗争更为激烈。当时蒙古已统治中原地区，为了加强中央集权，巩固其统治，忽必烈不得不大量任用汉人，采用汉法。

所谓汉法，不仅仅是指中国传统的封建剥削方式，更主要的是它包括一整套先进的生产方式和与之相适应的全部上层建筑。它是与保守落后的蒙古"旧俗"相对立而存在、相比较而产生的一个概念。

汉法的采用，反映着当时蒙汉民族之间的相互影响达到的新高度。汉法的采用进一步促进了蒙古族封建化的速度，并使元王朝的统治取得了汉族地主阶级的支持。

## 中央集权制度

忽必烈为了贯彻汉法，巩固对全国的统治，在政治上加强了中央集权。在中央设中书省总理全国行政事务，枢密院掌管军事，御史台负责监察。在地方上设立行中书省，简称行省。行中书省各设丞相一人，掌管全省军政大事。行省下设路、府、州、县。当时全国共有十个行省，即岭北、辽阳、河南、陕西、四川、甘肃、云南、江浙、江西、湖广。至于山东、山西、河北和内蒙古等地则称为"腹里"，

元世祖忽必烈

作为中央特区，由中书省直辖。行省制的确立，从政治上巩固了国家的统一，使中央集权在行政体制上得到了保证。这是我国政治制度史上的一项重大变革，对后世有巨大的影响。

在军事方面，忽必烈实行军民异籍、军民分治的政策，使军职不得干预民事。虽然军职世袭的旧制被保留了下来，但军队的调遣、军官的任命，都由枢密院直接掌握。元朝军队分为蒙古军、探马赤军、汉军和新附军等。探马赤军是在蒙古灭金时组成，以蒙古人为主体，包括色目、汉人在内的一支先锋部队。汉军是以汉人地主军阀的武装为基础，经过整编而成的部队。新附军是南宋投降后改编的部队。蒙古军和探马赤军是骨干，主要驻防于京师和腹里，而汉军和新附军多驻江淮以南。

## 歧视汉民族

元朝统治者为了削弱各族人民的反抗，维护蒙古贵族的特权，在建国之初就采取了民族压迫政策。忽必烈时，把全国人分为四等：第一等是蒙古人；第二等是色目人；第三等是汉人；第四等是南人。

这四等人在法律上的地位、政治上的待遇和经济上的负担，都有不同的规定。如在法律上规定蒙古、色目和汉人犯了罪，分属不同的机关审理。蒙古人殴打汉人，汉人只能向司法部门申诉，不能还手。蒙古人酒醉打死汉人者，只要交出一份埋葬费，就算了事。汉人、南人不准集体打猎，不准举行宗教活动，不准执持弓矢等武器。在政府机关中，蒙古人任正职，汉人、南人只能充当副职。如地方上的官吏，以蒙古人充各路达鲁花赤，汉人充总管，形成定例。同知、总管互相牵制，都要服从达鲁花赤的指挥。蒙古人由科举出身者，一正式委任就是从六品官，而色目、汉人、南人则递降一级。诸如此类制度，都有明显的民族压迫色彩。

## 联合专政

元朝统治者制定民族歧视和民族压迫政策，目的是为了巩固蒙古贵族的统治。但那些早期就投靠蒙古统治者的汉族地主，如真定董氏、易州张氏、大兴史氏、阳城郑氏等，元朝政府对他们都与蒙古贵族同样看待。元世祖就曾亲昵地称呼董文炳为董大哥。到了他的孙子成宗即位后，也称呼董文炳的二儿子董士选为董二哥。董文用"每侍燕，与蒙古大臣同列"。

按当时惯例，每年皇帝去上都时，枢密院官员除随行外，在京师大都要有一人留守。由于留守官员责任重大，从来不派汉人充任。至元二十五年时，元世祖破例让郑制宜做留守。

在取得江南后，元朝统治者又注意重用南方的汉族地主。至元二十四年诏命程钜夫为御史中丞。又下诏求贤于江南，过去诏令用蒙古文，元世祖还下令改用汉文。程钜夫乘机推荐了赵孟頫等江南名流，世祖都授与他们一定的职位，企图借此取得江南地主的拥护。

对汉人、南人中一般的中小地主也采取笼络的办法。元世祖时，蠲免兵赋的儒户，多数是汉族地主阶级分子。通过汉族大地主的投靠，又笼络了一大批地主阶级的知识分子，重用了当时的名臣窦默、姚枢。姚枢又推荐了许衡。这样，汉族地主在元朝政府里形成一支不容忽视的力量。

元朝统治者不仅对汉族地主如此优容，对其他各族的上层，也都采取笼络的手段。早在蒙古国时期，成吉思汗就注意

岁朝图

争取他们，如契丹旧族耶律楚材每天在成吉思汗左右，参与决策大政。按民族等级的规定，只有蒙古人才能担任达鲁花赤，而实际上畏兀人的世家子弟们任达鲁花赤的不少。李桢和高智耀都是西夏的贵族，元太宗命皇子阔出伐宋时告诫他："凡军中事须访（李）桢以行。"元世祖呼高智耀为高秀才而不名。回人赛典赤一直为忽必烈所器重，让他去云南任行省平章，他死后，其子纳速剌丁继续守滇。对吐蕃等族上层也竭力拉拢，喇嘛首领八思巴等被封为"国师"。大理段氏的子孙如信苴日等，也都曾享受过特殊的优待。

由此可见，元朝政权的性质仍是以蒙古贵族为首、包括各族上层人士在内的封建统治阶级对各族人民的联合专政。

# 忽必烈治国

打江山难，守江山更难。

## 平定诸王叛乱

海都是窝阔台汗的孙子，对大汗位落入拖雷系一直心怀不满。阿里不哥失败后，他占领窝阔台汗国领地，于至元五年（公元1268年）发动叛乱。被击败后，他又和察合台汗的孙子笃哇勾结在一起，骚扰火州（吐鲁番高昌故城）。

至元二十四年（公元1287年），海都又煽动东部诸王后裔乃颜、势都儿、哈丹等人发动叛乱。元世祖闻讯后，亲率两路人军前往镇压，消灭了叛乱势力。

元世祖在平定东北诸王叛乱后，设置了辽阳行省，并在叛王封地内置万户府，用以削弱藩王的权力。这时海都在西北仍不断骚扰，公元1289年7月，世祖已经74岁，仍决定率兵亲征。海都闻讯远逃。世祖去世时，海都已被逐出阿尔泰山之北。公元1302年，海都败死。公元1306年，海都子察八儿投降，西北诸王的叛乱，至此全被平定。元世祖运用军事上的胜利，使中央集权进一步加强，这对巩固多民族国家的统一，起了一定的积极作用。

## 阿合马、桑哥事件

元世祖对内镇压诸王叛乱和人民起义，对外穷兵黩武，因而财政拮据，迫切需要理财之臣。花剌子模人阿合马、汉人卢世荣、畏兀人桑哥就是元世祖宠信的三个理财能手。

中统三年（公元1262年），阿合马任诸路转运使，他兴办铁冶，增加盐课，获得大利。忽必烈升他为中书平章。阿合马恃功骄傲，安插亲信，诬陷异己，为皇太子真金和其他大臣所恶。至元十九年（公元1282年），益都千户王著和高和尚等，假借皇太子的名义将阿合马击杀。

阿合马死后，元世祖又命卢世荣为中书右丞。卢世荣上任后，提出改革钞法、制定市舶条例等措施。元世祖很宠信他，但其他官僚纷纷上章弹劾，不到一年，卢世荣被杀。

至元二十三年（公元1286年），元世祖起用桑哥理财，任为平章政事。他更改钞法，发行至元钞，财政危机好转。于是升任尚书右丞相兼总制院使。桑哥继而清理江南钱谷，增加赋税、盐课，引起天下骚动，起义不断发生。公元1291年，桑哥被杀。

宁夏百八塔

## 边疆政策

西藏和中原的联系，源远流长。当窝阔台次子阔端于公元1239年派遣道尔率兵进驻吐蕃后，喇嘛教萨迦派领袖萨班于公元1247年以66岁的高龄，应邀与阔端会晤。

通过协商，代表西藏地方势力同蒙古建立了宗藩关系，派员向蒙古呈献了贡礼，西藏正式归蒙古管辖。

宪宗三年（公元1253年），萨班之侄喇嘛教萨迦派法王八思巴在六盘山会见了忽必烈。忽必烈即位后封八思巴为国师，并派他担任总制院的第一任长官。总制院后更名为宣政院。公元1279年八思巴卒，元世祖又追封他为大元帝师。元朝中央机构所设的宣政院，"掌释教僧徒及吐蕃之境而隶治之"。

元朝政府在西藏设立乌斯、藏、纳里速古鲁孙等三路宣慰使司都元帅府，有都元帅、宣抚、安抚、招讨等使。乌斯即前藏，藏即后藏，纳里速古鲁孙即阿里三部。当时把前后藏分为十三个万户，万户长以上的官吏由中央直接任命。此外，还在西藏设置驿站，调查户口，征收赋税，屯戍军队。总之，从元朝开始，西藏地区已正式成为我国中央政府直接管辖的一个地方行政区域。

元世祖即位后，在云南设置了行省；行省之下，还设置了路、府、州、县；又设置若干军民总管府。元世祖派回人赛典赤赡思丁为第一任云南行省的最高长官"平章政事"。此后云南和内地的联系也更加密切。

元代，祖国大陆与台湾之间的政治关系有了新的发展。至元时，在澎湖设立巡检司，"隶泉州晋江县"。元朝通过澎湖巡检司管辖澎湖与台湾。这是中国政府在台湾地区正式建立的行政权力机构。

## ⚛ 大一统

元朝大统一的政治形势，促进了边疆各族和中原地区经济、文化联系的发展；各民族联系的加强，又巩固了空前统一的国家。由于当时大量汉族被签发到边地去开垦，边疆各族也大量迁入内地定居，宋、辽、西夏、金时期各少数民族偏守一隅的情况逐渐有了变化，相互间开始加强了沟通和联系。过去视为边陲绝域的地区都和中原成为同呼吸共命运的整体。原有的地域观念逐渐减弱。

元朝是我国统一多民族国家形成的重要阶段。中国的回族，就是在这个时期开始形成的。经过长期在内地与其他各族杂居，彼此互通婚姻，文化上互相渗透，逐渐在中国境内形成了具有独特生活习惯、宗教信仰、文化特点的新民族——回族。回族的形成，说明元朝时期中国民族融合已发展到了一个新的阶段。

## ⚛ 设立驿站

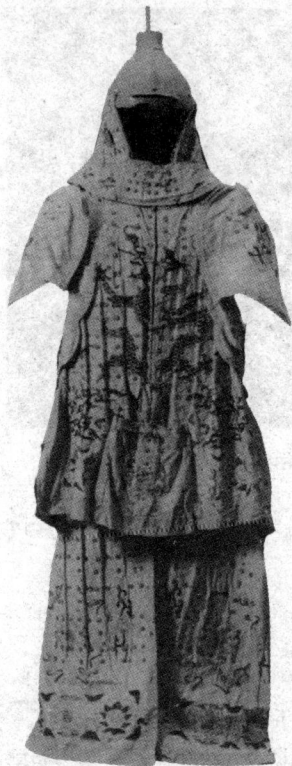

⚛ 元武士甲胄

元代的驿站制度，在窝阔台汗时代就具备了雏形。

随着蒙古疆土的扩大，特别是征服了欧亚广大地区之后，日益显示出这个制度对巩固统一的重要作用。后来不断有革新和整顿。

元世祖定都大都后，驿站制度就在一个更大的规模上发展起来，以大都为中心修筑了四通八达的驿道，在全国交通线上设置了站赤（蒙语音译，意为管理驿站的人），以便"通达边情，布宣号令"。在当时，蒙古地区的驿站，专设通政院管辖；中原地区的驿站，则归兵部掌管。站赤分陆站和水站。陆站用马、牛、驴或车，辽东有些地方运输时用狗拉橇行于泥雪上，故又有狗站。水站则用船。据记载，全国站赤共有一千四百处，这个数字还不包括边远地区和四大汗国间的驿站。

和驿站相铺而行，专用以传递紧急文书的机构叫急递铺。每十里或十五里、二十五里设一铺，每铺置铺丁五人。铺丁一昼夜行四百里，用徒步奔驰，辗转传递军政机要文书。

元代的驿传制度对当时的波斯、俄罗斯、埃及和中亚、西亚诸国都产生了影响，在俄罗斯竟沿用了数百年之久。

# 海纳百川

元朝就像一个大海，虽有歧视部分民族的色彩，但又吸引不同种族的能人志士为其效劳。

## 🐉 元代帝师——八思巴

八思巴（公元1235年—公元1280年），又译作帕克思巴、八合思巴、拔思发等，本名罗追坚赞。藏族政治家、佛学大师，藏传佛教萨迦派第五代祖师，元代首任帝师。

八思巴出身名门望族，自幼聪慧过人，通晓佛学，相传3岁时就能口诵莲花修法，8岁能背诵经文，9岁时就在法会上给别人讲经说法，故被称为"八思巴"（"圣者""神童"之意）。

南宋淳祐四年（公元1244年），八思巴与其弟恰那多吉随伯父萨班赴凉州（今甘肃武威）谒见蒙古窝阔台汗之子阔端。十一年（公元1251年），应召赴六盘山谒见忽必烈。八思巴以其渊博的学识和谦虚谨慎的美德，赢得了忽必烈的赏识。他备受崇敬，被尊为"上师"。同年，萨班病逝，八思巴继为萨迦派新法王。自宝祐元年（公元1253年）随侍忽必烈，忽必烈及王妃、子女皆从其受密教灌顶，皈依藏传佛教。

宪宗七年（公元1257年），八思巴到佛教圣地

🐉 不等臂秤

五台山朝拜，成为第一个朝拜五台山的藏传佛教领袖人物。元中统元年（公元1260年），八思巴受封国师，"授以玉印"，任中元法主，管理全国的佛教事务。

同时，根据道路情况，设置驿站，保证道路的畅通，为元朝中央政府对西藏地区的有效控制和施政，奠定了坚实的基础，也沟通了西藏与祖国内地的经济文化交流。

至元元年（公元1264年），八思巴以国师身份兼领总制院事，管理全国佛教及藏区事务，成为中央政权的藏族高级官员。二年返藏，为元朝在卫藏建立地方行政机构。建立起藏族史上著名的政教合一政权——萨迦地方政权。该政权代表元朝中央政府有效地行使着对西藏地方政教事务的管理。

六年（公元1269年）返大都（今北京），献所创制蒙古新字——"八思巴字"，颁行全国。次年升号"帝师"，加封"大宝法王"，赐玉印，统领西藏13万户。

至元十三年（公元1276年），由真金太子护送返萨迦，兴办曲弥法会，任萨迦寺第一代法王，僧俗并用，军民兼及，此为西藏实行贵族僧侣统治之始。至元十七年（公元1280年），在萨迦南寺的拉康喇让圆寂。忽必烈追赐他为"皇天之下一人之上开教宣文辅治大圣至德普觉真智佑国如意大宝法王西天佛子大元帝师"。为表彰他一生的功绩，忽必烈还在大都为他修建了舍利塔，供人们瞻仰。元仁宗时，又为他修建了帝师殿。

作为佛学大师，八思巴一生著述颇丰，有三十多种，传世之作有《萨迦五祖集》。他生前还将内地的印刷术、戏剧艺术等传至西藏，将藏族的建筑和雕塑技术介绍到内地，促进了内地和西藏之间及汉、藏、蒙等民族之间的文化交流。

作为政治家，他协助元朝实现了对西藏的统治，为今日中国版图的确立，为统一多民族国家的形成和发展，都做出了重要贡献。

## 🌀 阿尼哥与刘元

我国元代美术史上，有两位值得介绍的雕塑家，这就是阿尼哥和刘元。阿尼哥和刘元都曾在元上都（今正蓝旗境内）的佛寺道观中留下了大量的雕塑作品，而且凝结着中尼两国源远流长的友谊史话。

阿尼哥是尼泊尔人，在我国元代，喇嘛教盛行，元世祖忽必烈在中统元年（公元1260年）封西藏喇嘛教萨加派首领八思巴为"国师"，同年又命八思巴在西藏建黄金塔。尼泊尔选派八十名工匠协助建造。当时，年仅17岁的阿尼哥也自愿前往。

西藏黄金塔落成后，阿尼哥受了佛戒，成了八思巴的弟子，并随八思巴到京都去朝见忽必烈，受到忽必烈的赏识，以后就留在元朝服务。

他设计的大圣万安寺白塔（今北京阜城门内妙应寺白塔）至今巍然屹立，极为壮观，也是中尼两国人民友好的见证。

另一个与阿尼哥相关的雕塑家，就是与他同时期的刘元。刘元是河北省宝坻人，早年曾在山东为道士，在道观他接触了雕刻技术。其成就比阿尼哥更大。他把中国传统的雕塑技术和外来艺术融会贯通，自成一家，据《元史》载，"凡两都名刹、塑土、范金、转换成佛像，出元手者，神思妙合，天下称之。"尤其是上都三皇像，塑造最为精彩，据认为是充分把握了三位圣人微妙的神韵。近几年来考古工作者在元上都遗址调查时，在华严寺的废墟中，出土了一些彩色的泥塑和鎏金的泥塑像残片，据认为可能与刘元有关。

阿尼哥和刘元两位艺术大师的真迹已很难找到，但是，在北方草原的众多喇嘛召庙中，他们的技法风格却随处可见，带着中尼两国文化色彩的雕塑，千姿百态地遍布我国北方各召庙。

## 元上都天文台长札马鲁丁

元代天文学受到了元世祖忽必烈的重视，有很大的发展。兴建天文台两座，一座是上都天文台，建于至元八年（公元1271年），台长札马鲁丁。

札马鲁丁是"西域"人，是中亚阿拉伯的天文学家，来中国时带来一批阿拉伯天文书籍和几件仪器。当时忽必烈尚未登汗位，曾以诸王身份召见札马鲁丁等，希望他们安心在中国研究天文。札马鲁丁等经过长期努力，于至元四年（公元1267年）完成了一部《万年历》和七件天文仪器，献给了忽必烈。

《万年历》是阿拉伯系统的历法，忽必烈决定用这部历法代替正在使用的《大明历》。札马鲁丁设计制造的七件天文仪器也是阿拉伯系统的，名称都是阿拉伯文的译音，如"咱秃哈剌吉"（多环仪）、"咱秃朔八台"（方位仪）、"鲁哈麻亦渺凹只"（斜纬仪）、"鲁哈麻亦木思塔余"（平纬仪）、"苦来亦撒麻"（天球仪）、"苦来亦阿儿子"（地球仪）和"兀速都儿剌不定"（观象仪）。

札马鲁丁多才多艺，学识渊博，不仅精通天文历法，而且还是一位卓越的地理学家。至元二十二年（公元1285年），元政府决定编修全国地理志，由札马鲁丁负责从各地调来一批地理学家和工作人员，经过十八年的努力，完成了六百册、一千三百卷的《大一统志》。同年他又领导绘制了全国彩色大地图。

札马鲁丁对我国元代的科学工作，做出了卓越的贡献。

# 名垂星汉的郭守敬

元代的科学家层出不穷，但是要论其中的杰出代表，必然首推"学究天人"的郭守敬。

## 勤奋治学

元世祖忽必烈即位以前，就重视吸收汉族的读书人，帮助筹划朝政大事。他重用一个汉族谋士刘秉忠。忽必烈称帝和定国号为元，都是刘秉忠的主意。后来，刘秉忠又向忽必烈荐引了一些朋友、学生，也一个个担任了元朝初年的重要官员。其中有一个是元代著名科学家郭守敬。

郭守敬是邢州（今河北邢台）人。他祖父郭荣学识渊博，不但通晓经书，对数学、天文、水利等都有研究。

郭守敬少年时候，在祖父的影响下，对科学发生浓厚的兴趣。那时候，刘秉忠和他的朋友张文谦等正在邢州西南紫金山讲学，郭荣把他孙子送到刘秉忠那里学习。郭守敬在那里认识了许多爱好科学的朋友，学问就长进得更快。

## 不吃闲饭

忽必烈统一北方以后，为了发展农业生产，决定整治水利，征求这方面的人材。张文谦把郭守敬推荐给忽必烈，忽必烈很快就在开平（今内蒙古正蓝旗东）召见郭守敬。郭守敬对北方水利情况十分熟悉，当时就提出六条整治水利的措施。

忽必烈听了十分满意，每听完一条，就点头赞许。最后，他很感慨地说："让这样的人去办事，才不会是摆空架子吃闲饭的呢。"接见以后，就派郭守敬担任提举各路河渠的职务，经办河道水利的事。

过了两年，郭守敬又被派到西夏一带去整治水利。那里经过多年战乱，河道淤塞，土地荒芜，生产遭到严重破坏。郭守敬到了西夏，经过详细勘察以后，发动民工疏浚了一批原有的渠道、水坝，还开挖了一些新河道。不出一年时间，这一带九百多万亩农田灌溉畅达，粮食丰收，百姓的生活也都改善了。

为了加强大都到江南的交通运输，忽必烈又派郭守敬去勘测水路交通情况。经过郭守敬的勘测、设计，不但修通了原来的运河，还新开凿了一条从大都到通州的通惠河，这样，从江南到大都的水路运输，就畅通无阻了。

## ❀ 万世历表

元世祖灭南宋以后，更加重视农业生产的恢复。农业生产要利用历法。过去，蒙古一直使用金朝颁布的历法，这种历法误差很大，连农业上常常使用的节气也算不准。元朝征服江南以后，南方用的又是另一种历法，南北历法不一样，更容易造成紊乱。元世祖决定统一制订一个新历法。他下令成立了一个编订历法的机构，名叫太史局（后来叫太史院）。负责太史局的是郭守敬的同学王恂。郭守敬因为精通天文、历法，也被朝廷从水利部门调到太史局，和王恂一起主办改历工作。

修订历法工作一开始，郭守敬就提出：研究历法先要重视观测，而观测必须依靠仪表。原来从开封运来的有一架观察天象的大型浑天仪已经陈旧不堪，得不到可靠的数据。郭守敬设计一套新的仪器。他觉得原来的浑天仪结构复杂，使用不方便，还创制了一种结构比较简单、刻度精密的简仪。他制作的仪器，精巧和准确程度都比旧的仪器高得多。有了好的仪器，还要进行精确的实地观测。公元1279年，郭守敬在向元世祖报告的时候，提出在太史院里建造一座新的司天台，同时在全国范围进行大规模的天文测量的打算。这个大胆的计划马上得到元世祖批准。

经过王恂、郭守敬等一起研究，在全国各地设立了二十七个测点。最北的测点是铁勒（今西伯利亚的叶尼塞河流域），最南的测点在南海（今西沙群岛上），选派了十四个监候官员分别到各地进行观测。郭守敬也亲自带人到几个重要的观测点去观测。各地的观测点把得到的数据全部汇总到太史局。郭守敬根据大量数据，花了两年的时间，编出了一部新的历法，叫《授时历》。这种新历法，比旧历法精确得多。它算出一年有365.2425天，同地球绕太阳一周的时间，只相差二十六秒。这部历法同现在通行的格里历（即公历）一年的周期相同。但是郭守敬的《授时历》比欧洲人确立公历的时间要早三百零二年。

❀ 登封元代观星台

# 名副其实的清官

维吾尔族出现了大批的政治家和军事家，首屈一指的就是元初的名臣廉希宪。

## 以"廉"为姓

廉希宪的父亲在元朝的太祖成吉思汗、太宗窝阔台和世祖忽必烈三朝做官，居官清廉，执法公正，功劳卓著。死后追封为魏国公。在蒙古大汗窝阔台三年，即公元1231年，廉希宪的父亲被任命为燕南诸路肃政廉访使，也就是主管司法刑狱和官吏考科的长官。

任命的当天，次子希宪刚好出生，他非常高兴，对家人说："古时候有人用官职为姓氏，上天大概是要我以'廉'字为宗族的姓吧。"从此，他的子孙便都用"廉"为姓。

## "廉孟子"

廉希宪字善甫，从小就很热心读儒家的经书和历史，刻苦而认真。经过数年的苦读，他成了一个学问很深的青年，这时正好忽必烈在到处招贤纳士，听人说廉希宪学识渊博，就召他入邸为臣，对他很是器重。

进入忽必烈的府第后，廉希宪仍然苦读经书。一次，他正专心地读《孟子》，忽必烈派人来叫他，他揣着书就去了。忽必烈见他拿着《孟子》，就问他书里讲些什么，他便将孟子的人性本善、见利忘义、仁义爱国等思想讲给忽必烈听。忽必烈听了很高兴，对他赞不绝口："真是一个廉孟子啊！"从此，廉希宪就以"廉孟子"著称，成为当时一大名人。

在公元1260年，即中统元年，忽必烈继承了蒙古汗位，在廉希宪等人的辅佐下，击败争夺汗位的阿里不哥。后来他就任京兆道宣抚使。两年后，担任中书省平章事，成为宰相之一。廉希宪还担任过北京、江陵的行省长官，在公元1280年，廉希宪病逝，年仅49岁，可谓英年早逝。

## ⊛ 以廉闻名

廉希宪不但为官清廉，政绩卓著，而且品格也很高尚，一向推功揽过。至元七年（公元1270年），因为释放被诬陷入狱的尼赞马丁，惹恼了忽必烈而被罢官。忽必烈很快又后悔了，问侍臣他在干什么，侍臣说他还在闭门读书。忽必烈听了，就叹息道："读书确实是朕曾经倡导过的，但是读书不用，还不如不读。"一向忌恨廉希宪的阿合马害怕廉希宪东山再起，于己不利，就趁机说："他哪里是在读书，不过是在整天吃喝玩乐！"忽必烈听了脸色大变，怒斥道："胡说！希宪清贫廉洁，人人皆知，拿什么吃喝？"不久，忽必烈就起用廉希宪任北京行省长官，镇抚辽东。后来，廉希宪到新平定的长江重镇江陵去做行省长官。他临行前辞谢了忽必烈所赐财物，冒着酷暑直奔江陵。到达后就立即下令禁止抢劫百姓，开始兴利除弊。他又安抚商人照常营业，使军民相安以处，官吏各司其职。然后登记原来的南宋官员，量才授予官职，从没有一点猜疑之心。他为了安抚地方，专门下令：凡是杀害俘虏者一律按杀害平民治罪；俘虏如果患病被遗弃，允许人们收养，病愈后原来的主人不能索要；开掘城外御敌之水，灌溉得到良田数万亩，分给贫民耕种；发放粮食，救济饥民。

地方秩序刚刚稳定，廉希宪又大力兴办学校，他还亲自讲课，训导激励学生学以报国。这使当地很快出现了勃勃生机，远在西南地区的少数民族首领和重庆等地的宋将都闻风来降。皇帝得到消息后，感慨地对侍臣说："先朝用兵不能得地，现在廉希宪不用一兵却让几千里外的人奉送土地，廉孟子不虚其名啊！"

## ⊛ 两袖清风

廉希宪官虽然做到了宰相，但为国效力却始终保持着清廉作风，俸禄之外从没有贪私之物。走到哪里都是随身带着一张琴和几箱书。没有其他私产，更不用说金银财宝了。归顺元朝的南宋将官都带着很多金银去见元朝的地方长官，廉希宪对此深恶痛绝。他向送礼的人说："你们送的东西，如果是自己的，我收了便是不义，如果是公家的，你们拿来送礼，就是盗窃国财，我收了便是贪赃。如果是从百姓那里搜刮来的，就要罪加一等了。"说得送礼的人无地自容，惭愧得不知说什么好。

在公元1277年，廉希宪被召回京，江陵百姓拦路哭送，后来又建立祠堂纪念他。回到北京后，他随身携带的东西仍然是琴和书。

# 思想与宗教的繁荣

元带给世人惊奇的不仅有稳定政治，而且有思想与宗教的繁荣。

## 理学的发展

蒙古灭金后，北方虽然有很多儒士，但理学思想的广为传播还是赵复被俘到北方之后的事。赵复，字仁甫，德安（湖北安陆）人，人称江汉先生，是朱熹门生谢梦先的学生。公元1234年，他被蒙古军俘至燕（今北京），受到忽必烈的召见。后来在燕京设立了太极书院，专门请他讲授程朱理学的书目、宗旨、师承关系，培养了一大批理学家。

许衡、刘因、吴澄被称为元代三大理学家。许、刘主朱学，吴则调和朱、陆二派。三家虽互有矛盾，但基本观点完全继承宋代理学，并无多少创造。儒学作为维护封建统治的官方哲学，在元朝同样受到最高统治者的称颂。元武宗给孔子加上了"大成至圣文宣王"的头衔。元朝统治者把儒学定为"国是"，从朝廷考试到州县学校的教学，一律以程朱对孔孟理论的注释为准，把朱熹的《四书集注》称为"圣经章句"。

## 反理学的斗士

尽管元朝统治者提倡理学和其他宗教思想，在元代思想界中仍然出现了一些反对理学的思想家。邓牧是其中突出的一个。

邓牧，字牧心，号文行，又自号"三教外人"，浙江钱塘人。南宋亡后，他隐居余杭大涤山中的洞霄宫，不仕元朝，是个有民族气节的思想家。他著有《伯牙琴》一书，猛烈抨击暴君酷吏。

他指出，皇帝是最大的掠夺者和剥削者，大小官吏都是吃人的豺狼。他还描绘了一个理想国，在那里有皇帝也有官吏，但都是民选出来为群众办事的人，而不是特权阶级。在理想国里无战争，人人劳动，自食其力。

邓牧这种乌托邦思想，在当时是有积极意义的。由于时代和阶级的局限，他只能借用老聃的"小国寡民"的思想作为他的思想武器，终于陷入逃世的幻觉之中。

## 🌀 宗教的兴盛

从成吉思汗以来，蒙古统治者信奉传统的萨蛮教，但对其他各种宗教，也都采取宽容态度，只要不危及其统治，都予以保护和利用。

喇嘛教是佛教传入西藏后与西藏原有的本教相互影响、融合而形成的一个教派，在十一世纪至十三世纪期间，由于吐蕃新兴封建领主的支持，日渐兴盛。

🌀 青花游牧民族风俗壶

自元世祖起，元朝历代皇帝后妃都尊喇嘛为帝师，并亲自受戒。因此，喇嘛们受到特别的尊崇和优待。

佛教在内地的各宗派，在元代也都十分兴盛。元代刻的佛教大藏经在佛教经典的传布上是一件大事，后来的明藏、清藏，都是以此为基础而修纂的。元代的道教，除了张天师的嫡系称为正一教外，还有全真教、真大道教和太一教等流派。全真教势力最大，教主丘处机（长春真人）曾应成吉思汗之召到过中亚等地，其弟子李志常据实写了一部《长春真人西游记》，是研究中西交通史的珍贵史料。

不仅本国宗教得到了极大发展，外来的宗教也在元朝获得了一席之地，这在中国历史可谓少有。元代把基督教称为也里可温，亦称也立乔，意为信仰基督之人。元代中国的基督教有两派。一派是聂士脱里派，是随着波斯商人由泉州、广州各沿海城市传入内地的；另一派是天主教的圣方济各派，在公元1292年前后，教皇曾派遣意大利传教士约翰·孟德高维奴来北京传教，任第一任天主教总主教。元代基督教在全国各地都有信徒，在沿海城市和内地都有教堂。

伊斯兰教在元代也是随着阿拉伯人、波斯人和突厥人东来的。其传教士在元代官文书中称为答失蛮。此是波斯文音译，意为学者。此外，摩尼教、婆罗门教、犹太教也都是在唐宋之际逐渐传入，而在元代也有所传播。摩尼教是波斯人摩尼在三世纪时创造的宗教，吸收祆教、基督教、佛教等思想资料而形成自己的教义，七世纪末传入中国，也叫明教、末尼教、明尊教。

元代泉州一带有摩尼教活动。婆罗门教在泉州曾建立寺院，俗称番佛寺。犹太教亦称为"一赐乐业教（即以色列的音译）"，在开封和大都都有它们的踪迹。《马可·波罗行记》中就有关于犹太教徒的记载。

# 马可·波罗东游记

忽必烈的努力使得元朝成为东方乃至世界的庞大帝国，由此吸引来更多的仰慕者。

## 漫游东方

马可·波罗的家乡威尼斯是一个古老的商业城市。他家祖辈也是世代经商，父亲和叔父常奔走于地中海东部，进行商业活动。公元1260年，他的父亲和叔父经商到过伊士坦布尔，后来又到中亚的布哈拉，在那里他们俩遇到了一个波斯使臣，并和使臣一起到了中国，见到了元世祖忽必烈。

公元1269年，马可·波罗已经15岁，他的父亲和叔父从东方回到了威尼斯，他们从东方带回的动人见闻使得马可·波罗既羡慕又向往，他也很想做一个商人漫游东方。

两年之后，马可·波罗的美好愿望实现了。公元1271年，他的父亲和叔父再次动身来中国，决定带马可·波罗同行，于是年轻的马可·波罗以意大利威尼斯商人的身份，怀着了解东方的心情，踏上了东行之途。

他们由威尼斯起程，渡过地中海，到达小亚细半岛，经由亚美尼亚折向南行，沿着美丽的底格里斯河谷，到达伊斯兰教古城巴格达，由此沿波斯湾南下，向当时商业繁盛的霍尔木兹前进，继而从霍尔木兹向北穿越荒无人烟的伊朗高原，折而向东，在到达阿富汗的东北端时，马可·波罗由于适应不了高原山地的生活，不幸病倒了，只好停下来疗养。

一年之后，马可·波罗恢复了健康，继续前进。他们启行不久又面临翻越帕米尔高原的艰苦行程。

久病初愈的马可·波罗，以坚强的毅力，克服了困难，下山之后来到喀什，沿着塔克拉玛干沙漠的西部边缘行走，抵达叶尔羌绿洲，继而向东到达和阗和且末，再经敦煌、酒泉、张掖、宁夏等地，费时三年半，于公元1275年夏抵达元代上都（今内蒙古自治区多伦西北）。上都是忽必烈夏季避暑的行宫，正式国都定在北京，当时称为大都，以后马可·波罗等人到达大都，并居住十多年。

## 🌀 半个中国人

马可·波罗到达大都时已经21岁，风华正茂，由父亲和叔父带着觐见忽必烈。忽必烈非常高兴，在宫内设宴欢迎，并留他们在朝中居住下来，马可·波罗善于学习，很快熟悉了朝廷礼仪，掌握了蒙古语等语言。

忽必烈在和马可·波罗的接触中，发现他具有敏锐的观察力，因此对他很器重，除了在京城大都应差外，还几次安排他到国内各地和一些邻近国家，进行游览和访问。

根据游记记载，马可·波罗出访过云南，他从大都出发，经由河北到山西，自山西过黄河进入关中，然后从关中逾越秦岭到四川成都，大概再由成都西行到建昌，最后渡金沙江到达云南的昆明。

他还去过江南一带，所走的路线似乎是取道运河南下，他的游记里有淮安、宝应、高邮、泰州、扬州、南京、苏州、杭州、福州、泉州等城市的记载，其中在扬州他还担任官职三年。此外，马可·波罗还奉使访问过东南亚的一些国家，如印尼、菲律宾、缅甸、越南等国。

## 🌀 荣归故里

马可·波罗和他的父亲、叔父在中国旅居约17年之后，于公元1291年初以护送元室阔阔真公主前往波斯，而离开大都顺路回国。

他们的回程取海道，从福建泉州出海，西南行，经爪哇、苏门答腊、斯里兰卡、马拉巴海岸，直驶波斯湾的霍尔木兹，自此登陆，经大不理士到特勒比遵德，由此坐船经伊斯坦布尔，于公元1295年回到了离别二十余年的家乡威尼斯。

马可·波罗漫游东方归来的消息，轰动了威尼斯，从社会名流到一般市民，争相看望他的人络绎不绝。马可·波罗回家不久，威尼斯与热那亚两个城市，因为市场竞争，爆发了一场激烈的战斗。

🌀 马可·波罗出门远行

我国伊斯兰教的元凤凰寺

马可·波罗为保卫自身和威尼斯的商业利益，奋勇加入了威尼斯的战斗行列。激战结果，威尼斯舰队大败，热那亚人获得胜利，马可·波罗受伤被俘，关进了热那亚的监狱。

马可·波罗因为从东方回来已经有点名望了，虽然禁锢在监狱里，监内监外，仍不断有人找他谈东方的事情，而马可·波罗为消磨时光，也经常向同狱的人叙述东方各国的奇风异物。他的叙述，特别引起同狱人鲁思蒂谦诺的注意。鲁思蒂谦诺是比萨人，从小受到比萨文化传统的熏陶，精通法语，用法语写过骑士小说。他觉得马可·波罗的游历见闻很有意思，如不写成书，那是非常可惜的。于是征得马可·波罗的同意，将他的口述，用当时在欧洲流行的法兰西语记录了下来。

这样，一部举世闻名的《马可·波罗游记》或称《东方见闻录》就诞生了。公元1299年威尼斯与热那亚的战争宣告结束，马可·波罗被释放回威尼斯，从此，他经营商业，并娶妻成家，生有两个女儿，再也没有出外远游。公元1324年当他临近70岁的时候，逝世于威尼斯。

## 《马可·波罗游记》

《马可·波罗游记》问世后，广为流传。600多年来，世界各地用各种文字辗转翻译，译本之多，可能超过了一百种，另外，还有许多学者对照各种版本进行校勘注释，做了大量的整理研究工作。

《马可·波罗游记》共分四卷，第一卷记载了马可·波罗诸人东游沿途见闻，直至上都止；第二卷记载了蒙古大汗忽必烈及其宫殿、都城、朝廷、政府、节庆、游猎等事。自大都南行至杭州、福州、泉州及东地沿岸及诸海诸洲等事；第三卷记载日本、越南、东印度、南印度、印度洋沿岸及诸岛屿，非洲东部；第四卷记君临亚洲之成吉思汗后裔诸鞑靼宗王的战争和亚洲北部。每卷分章，每章叙述一地的情况或一件史事，共有二百二十九章。

书中记述的国家、城市的地名达一百多个，而这些地方的情况综合起来，有山川地形、物产、气候、贸易、居民、宗教信仰、风俗习惯等，及至国家的琐闻逸事，朝章国故，也时时夹见其中。

《马可·波罗游记》是一部关于亚洲的游记，它记录了中亚、西亚、东南亚等地区的许多国家的情况，而其重点部分则是关于中国的叙述，马可·波罗在中国停留的时间最长，他的足迹所至，遍及西北、华北、西南和华东等地区。他在书中以大量的篇章、热情洋溢的语言，记述了中国无穷无尽的财富、巨大的商业城市、极好的交通设施，以及华丽的宫殿建筑。以叙述中国为主的第二卷共八十二章，在全书中分量很大。在这卷中有很多篇幅是关于忽必烈和北京的描述。

## 🌐 百科全书

《游纪》的第二卷，还对杭州有详细的记述。书中称杭州为"天城"，称苏州为"地城"。而"天城""地城"，也就是我国谚语"上有天堂，下有苏杭"的一种译称。对于号称天堂的杭州，马可·波罗更是赞不绝口，他《游纪》里记载杭州人烟稠密，房屋达一百六十万所，商业发达，说"城中有大市十所，沿街小市无数"，并说杭州人对来贸易之外人很亲切，"待遇周到，辅助及劝导，尽其所能"，又讲到杭州市容整齐清洁，街道都用石铺筑；人民讲究卫生，全城到处有冷热澡堂，以供沐浴之用，户口登记严密，人口统计清楚，对西湖的美丽和游览设施，书中更有详细的记述，马可·波罗称赞"世界诸城无有及之者，人处其中自信为置身天堂"。因为他对杭州特别赞赏，所以几次来到这里游览。

马可·波罗是商人，每到一地，对于物产商业的情况很留心观察和记载。例如他旅行到我国南方的宝应、南京、镇江、苏州诸城时，便突出地记载了纺织锦缎绸绢工业，对宝应的记载是"恃商工为活，有丝甚丰饶"。又如他行经印尼、斯里兰卡、印度时，也特别留心记载了各种各样的宝石、香料与珍珠。这些物品在历来的东西贸易中，西方商人一直视为珍品。

在《马可·波罗游纪》中，还有专门的篇章谈元代通行的纸钞和中国使用已久的煤。马可·波罗记述忽必烈在京城设有造币局，先以桑树皮制造纸张，然后以它制印纸币，这种纸币不但通行国内，就是在和外商贸易中也有流通。他还说到在中国北方亲自见到"有一种黑石，采自山中，如同脉络，燃烧与薪无异，其火候且较薪为优"。毫无疑问，这是说的我国境内蕴藏丰富的煤炭，其实我国以煤作为燃料，早在汉代便已经开始。马可·波罗在这时还当作"奇异事物"来记述，说明欧洲在十三世纪用煤还不普遍，而中国在元代则是司空见惯的事了。

《马可·波罗游纪》对亚洲其他地方，也有大量篇幅的描述。马可·波罗东来中国，主要经过西亚，中亚等地，因此游记里载有不少这些地方的见闻。在中世纪，关于亚洲的知识，以往的旅行家没有一个比得上马可·波罗记载的那样丰富。除亚洲外，马可·波罗对东非海岸和北冰洋等地作了一些叙述，不过是根据传闻，并非亲临其地，所以许多记述往往与实际不符。但尽管这样，诸如东非海岸的马达加斯加等地，则是由马可·波罗第一次介绍给欧洲人的。

## ◎ 不朽的影响

马可·波罗是中西交通史上最早的旅行家。他的著作，在中古时代的地理学史、亚洲历史，中西交通史和中意关系史诸方面，都有着重要的历史价值。

马可·波罗的游记在13世纪末年问世后，一般人为其新奇可喜所动，争相传阅和翻印，成为当时很受欢迎的读物，被称为"世界一大奇书"，其影响是巨大的。它打开了中古时代欧洲人的地理视野，在他们面前展示了一片宽阔而富饶的土地，国家和文明引起了他们对东方的向往，也有助于欧洲人冲破中世纪的黑暗，走向近代文明。学术界的一些有识之士，更以它所提供的最新知识，来丰富自己的头脑和充实自己的著作。如公元1375年的西班牙喀塔兰大地图，便是冲破传统观念，摒弃宗教谬说，以马可·波罗的游记为主要参考书制成的，图中的印度、中亚和远东部分都取材于《马可·波罗游记》这部著作，成为中世纪有很高科学价值的地图，以后地图多以此为依据。

马可·波罗的游记对十五世纪左右欧洲航海事业的发展也起了促进作用，当时一些著名的航海家和探险队的领导人曾经读过马可·波罗的书，并从中得到巨大的鼓舞和启示，激起他们对东方的向往和冒险远航的热情。例如著名的葡萄牙航海家亨利王子和意大利航海家哥伦布，都津津有味地看过马可·波罗的书。

# 国力的恢复

统治者一方面为权力而斗争，另一方面也在维持元朝当时大国实力。

## 🏵 重农政策

在蒙古对金作战期间，北方劳动人民大量地死亡和逃散，生产力遭到严重的破坏。从成吉思汗到元世祖，一直存在着农牧争地的问题。在战争之后，北方农田大量荒废为牧场。

在中原和江南地区先进农业经济的影响下，蒙古统治者不得不放弃其落后的游牧经济和剥削方式，而采用"以农桑为急务"的政策。在元军攻宋的过程中，对农业生产的破坏较之北方要轻一些。这种"使百姓安业力农"的思想，还贯穿在其他许多行政措施和命令中。如考核地方官吏时，决定升迁的首要条件是"户口增、田野辟"。重农政策的结果，也使蒙古封建领主逐渐转化为封建地主。

中统二年（公元1261年），忽必烈就设立劝农司，派出许多劝农使分赴各地整顿农桑。至元七年二月（公元1270年）又成立司农司，下设四道巡行劝农司。

同年十二月改司农司为大司农，添设巡行劝农使、副各四员。由劝农司到大司农司，反映出对农业的逐步重视。至元二十三年（公元1286年），诏以大司农司所定《农桑辑要》一书颁行各路。

## 🏵 组织村社

元人在大力提倡垦殖的同时，又扩大屯田网，除军屯、民屯外，还有军民和屯等形式。据历史记载，当时大漠南北的屯田是卓有成效的。元初，民间有自发组织的"锄社"，"先锄一家之田，本家供其

粮食作坊

复兴文人画

饮食，其余次之，旬日之间，各家田皆锄治"，"间有病患之家，共力锄之"，往往"苗无荒秽，岁皆丰熟"。元政府在此基础上发展为村社形式，规定"诸县所属村，凡五十家立为一社"。社长组织居民垦荒耕作，修治河渠，经营副业。这种村社是农村基层组织，成为恢复生产的一种积极手段。

此外，在恢复和发展农业生产方面还采取了一系列其他措施，如迁徙民户充实内地和西北地区，听民自买荒田旷土，延期课税，对贫困的屯田户和迁民，给予牛具、农具和种粮；清理豪强侵占的土地和民户，推行大规模的"籍户"（调查登记户口），释放部分奴隶从事农业生产，以及兴修水利等。

## 恢复农业

这段时间，由于贯彻了重视农桑的政策，各地的农业生产都取得了不同程度的恢复和发展。农业发展的表现，首先是水利灌溉业的发达。元初，内设都水监，外设各处河渠司，以兴举水利，修理河堤。郭守敬做都水少监时，曾亲自到华北、西北一带进行规划，增辟水田数万顷。宋、金时的水利工程，在元朝都逐步得到了恢复。王祯《农书》中介绍用于灌溉的水车就有七种，其中高转筒车可引水到二百余尺的高地，这些工具在当时能够广泛应用，是和水利事业的发展分不开的。其次，表现在粮食产量的提高上。到元世祖时期，陕西关中地区的小麦"盛于天下"，关、陇、陕、洛出现了"年谷丰衍，民庶康乐"的景象。长江以南地区产量更高，仅江浙一省的岁粮总数就占了全国岁粮总数的三分之一。少数民族地区农业生产也有很大的发展，当时北至怯绿连河（克鲁伦河）、乞里吉思、谦谦州（均在今叶尼塞河上游一带），南至罗罗斯（四川南部）、乌蒙（云南昭通），均有屯田。

农业发展的成果还表现在：元代我国南北各地棉花种植的逐渐推广，也是当时农业生产上一项重要成就。

由于南方农业的发展，南道棉的产区扩大得较快。与此同时，棉花在北方陕甘一带也普遍种植。当时大半个中国，已遍植棉花。

当然，在恢复与发展中，各地情况是不平衡的。由于封建统治机构的腐朽，在元世祖晚年，部分地区在水利、屯田、劝农等项工作上已出现了停滞和衰败的现象。到元代中后期，水利建设遭到了严重破坏，土地兼并加剧，加上旱、疫、蝗、水等自然灾害，农业生产进一步衰敝了。

## ◎ 兴盛的海运

大都是全国的政治中心，当地农产品又无法满足首都的需求，于是，京都的粮食不得不"仰给于江南"。元政府除了利用陆路交通和运河外，又开辟了一条海运航线。

元世祖派遣伯颜平江南的时候，就曾利用海运把南宋皇家图书馆所藏书籍全部运到大都。但大量运输粮食则始于公元1282年。这一年伯颜派人从海道运粮到直沽（今天津），开始时用平底船六十艘运粮4.6万石，以后每年增加，最多达到三百六十万石。航道改过三次，自苏州刘家港开航，"当舟行风信有时，自浙西至京师，不过旬日而已"。

海运比陆运和内河航运要省费得多，不仅"民无挽输之劳，国有储蓄之富"，而且便于在政治上控御东南。

## ◎ 大运河的重生

大运河自隋唐迄宋，主要是以洛阳为中心的一条南北运输线，经过元朝整修以后，大运河就成为以大都为中心的新型运河了。

至元十七年（公元1280年），元政府利用汶泗诸河的水源，沿着山东丘陵地的西北边缘，向南开凿了济州河，从山东的济宁到东平开辟了一条人工河道。

公元1289年又开凿了一条会通河，从山东东平到临清，和旧运河（即御河）接通。到了至元二十八年（公元1291年），当时任都水监的科学家郭守敬建议，在金代运河的基础上开凿一条通惠河，自大都至通州，利用北京西山泉水及白河水接济运河水量，总长一百六十余里，这样从通州就可以顺白河到天津。济州河、会通河、通惠河这三条河道的修成，就从当时黄河所经的徐州，向西北直达卫河上的临清打通了一条捷径。粮船可以从徐州直接北上，不必再绕道河南了，省去了六七百里的路程。

从此，北自大都，南至杭州的大运河贯通起来了，南北经济、文化的交流开始了一个新的时代，在政治上也起了巩固统一的作用。

# 文化盛世

元朝继唐宋以后造就了又一个中国文学史上的"黄金时期"。

## 官修史籍及民间史学成就

元朝建立之后，沿袭中原旧制，各帝死后，都由翰林国史院或指定史官编纂《实录》。只有顺帝因国亡而未及编写。明洪武二年修《元史》就是以元代累朝《实录》及《后妃功臣列传》等为蓝本的。《元实录》今已佚，仅能从《元史》中略窥其梗概。元代官撰的主要史籍流传下来的有《宋史》《辽史》《金史》。元代官修的大型史籍还有《大元一统志》和《经世大典》等。

由翰林国史院用蒙文编写、类似汉文《实录》的《脱卜赤颜》是蒙古皇室的秘史。由蒙古近臣编写，藏在奎章阁。《脱卜赤颜》后来不断续修。原本已佚，但在后来编写的《黄金史》等书中，尚保存一些片断。

除了官修史籍以外，民间的史学家的成就也不少，马端临（公元1254年—公元1323年），字贵与，饶州乐平（属江西）人。他见杜佑《通典》自天宝以后缺而未备，就仿《通典》的体例，写成了《文献通考》。《文献通考》是一部着重叙述历代典章制度沿革的分类通史。全书三百四十八卷，分为二十四类。它以《通典》为蓝本，但在选材范围和规模上都超过了《通典》。内容不仅采用经史，而且摘引奏疏议论，尤详于宋代史实。

司马光《资治通鉴》成书后，其门人刘安世曾为之作注，但此注已佚。元代胡三省重为注释。胡三省，字身之，浙东宁海人。宋亡，他隐居不仕，写成了294卷的《通鉴注》。《通鉴》内容繁富，需要训释之处较多，《通鉴注》是后人读《通鉴》必不可少的一部参考书。

## 特别的元曲

元曲是这个时期文学上最突出的成就。元曲包括剧曲和散曲两种。剧曲当时称为杂剧，在元代极为盛行。据统计，有姓名可考的剧作家有八十多人，作品有五百多种，保存到现在的还有一百六十多种。

在元以前，传统的文学体裁是抒情的诗歌和散文，而从元以后，文学作品的体裁出现了有情节、有人物、有说有唱的戏剧。

元初城市经济的逐渐复苏和繁荣，民族矛盾和阶级矛盾的激荡，儒学封建道德思想的约束在各少数民族文化冲击下的相对松弛，专业剧作家的出现，这些都是杂剧兴起的有利条件。蒙古统治者对歌舞戏曲的爱好，更助长了这个文艺形式的发展。

在至元、大德时期（公元1264年—公元1307年），出现的著名剧作家有关汉卿、白朴、马致远、郑光祖，世称元曲四大家。他们的代表作品是关汉卿《窦娥冤》、白朴《梧桐雨》、马致远《汉宫秋》、郑光祖《倩女离魂》等。此外，王实甫的《西厢记》也是脍炙人口的名著。这些作品都不同程度地反映了当时的现实生活，歌颂了人民的反抗斗争，在艺术性和思想性上都有空前的成就。

## ◉ "浪子"关汉卿

在中国古代，戏剧作家和演员的社会地位很低，因此关于关汉卿的生平，史册上只有一些零星的材料。他可能原居山西解州，后来长期居住在都城大都。有人说他"不屑仕进"。也有记载说他曾在皇家医院任职，但是他对医术似乎兴趣不大，却热衷于编戏演戏。

关于关汉卿的为人和个性，元人熊自得《析津志》说他"生而倜傥，博学能文，滑稽多智，蕴藉风流，为一时之冠"。正如他那首夫子自道的小曲所言，此人于吟诗、吹箫、弹琴、舞蹈、下棋、打猎等各种技艺无所不能，什么都玩。不过玩得最拿手是"杂剧"，关汉卿不仅写剧本，还亲自参加演出，常常"面敷粉墨，躬践俳场"。艺人社会地位不高，但关汉卿不以为耻，反以为荣，长期混迹于勾栏瓦肆，毫无惭色地自称"我是个普天下郎君领袖，盖世界浪子班头"。

关汉卿可能不是个合格的医生，但他

《窦娥冤》插图

更关注的是人间的疾苦，在玩世不恭的背面，隐藏着冷峻悲凉的内心世界。他愤世嫉俗，以悲天悯人的情怀，诉说着民众的困苦与无奈。

## 🏵 《窦娥冤》，万人泪

七百年来，一曲《窦娥冤》，赚得多少观众泪。《窦娥冤》的全名是《感天动地窦娥冤》。取材于汉代流传下来的"东海孝妇"民间故事。但剧本反映的时代生活与人物遭遇，却以元代冤狱繁多的社会现实为依据。

窦娥因家贫被卖给蔡家做童养媳，丈夫早死，婆媳相依为命。流氓张驴儿闯入这个家庭，胁迫窦娥婆媳嫁给他们父子为妻，遭到窦娥严辞拒绝。张驴儿欲毒死蔡婆，结果反毒死了自己的父亲，便嫁祸给窦娥。昏聩的太守严刑逼供，在公堂上，窦娥因不忍见婆婆被拷打而承担了被诬陷的罪名，临赴刑场时，还怕婆婆见到伤心，特意请刽子手绕道而行。违法的人并未得到制裁，守法的人却被"法纪"送了性命。

戏剧的锋芒直指酷虐的封建统治。当幻想破灭时，这个弱女子愤怒地呼喊出：

有日月朝暮悬，有鬼神掌着生死权。

天地也，只合把清浊分辨，可怎生糊突了盗跖、颜渊！

为善的受贫穷更命短；造恶的享富贵又寿延。

天地也，做得个怕硬欺软，却原来也这般顺水推船。

地也，你不分好歹何为地？

天也，你错勘贤愚枉做天！

哎，只落得两泪涟涟。

一曲《窦娥冤》充溢着愤懑的情绪，关汉卿借窦娥之口责天问地，发泄了他对现实世界的强烈不满。社会对于弱者从来就是不公平的，作者对天地不公的诘难自然会引起无数受压迫的大众的共鸣。

世上波澜涌笔底，民间疾苦入戏文。关汉卿写作勤奋，一生共著杂剧六十七部，今存十八部。其中《窦娥冤》《救风尘》《望江亭》《拜月亭》《鲁斋郎》《单刀会》《调风月》等，是他的代表作。这些剧作"写情则沁入心脾，写景则在人耳目，述事则如其口出是也"，倾注了作者对现实与人生的痛切感受，具有社会批判的价值和震撼人心的力度。

近代学人王国维的《宋元戏曲考》称："关汉卿一空依傍，自铸伟词，而其言曲尽人情，字字本色，故当为元人第一。""即列之于世界大悲剧中，亦无愧色也。"如今关汉卿的戏剧已被译成多种文字，走上世界舞台，这个七百年前的浪子，被誉为"东方的莎士比亚"。

江山换年代，美丑贯古今。当流氓无赖都成了道貌岸然的大人君子，关汉卿这种刚直不阿的文人也就只配沦为烟花路上的"浪子"了。"愤怒出诗人"，愤怒造就了关汉卿这位奇才，"浪子"千古，究竟幸还是不幸？

## 散曲与传奇

除元曲外，还有和杂剧中的曲牌一样而没有念白和折子的歌曲，称为散曲，是元代的民歌。其中包括成套的"套数"和"小令"，也出了一些有名的作者和优美动人的作品，据不完全统计，散曲作家中有姓名可考者有一百八十七人。

在南方，以南曲腔调演唱的温州杂剧等地方戏发展成为南戏，亦称传奇。著名的有四大传奇：《荆钗记》《白兔记》《拜月亭》和《杀狗记》。

《西厢记》插图

杂剧、散曲和南戏（传奇）多方面地反映了当时的现实生活，是中国宝贵的文化遗产，对后来戏剧文学的发展和许多地方戏曲、剧种的兴起，都有深远的影响。

# 元顺帝的挣扎

元顺帝虽废除旧政、改革弊政，但其虎头蛇尾，最终图治之心消失殆尽。

## 初显"文治"

元顺帝铲除伯颜时，已21岁，他封马札儿台为太师和中书右丞相，马札儿台之子脱脱知枢密院事，总领诸卫亲军，脱脱的弟弟也先帖木儿为御史大夫，马札儿台父子总揽军政大权。

马札儿台做了中书右丞相后，自恃辅佐皇帝铲除伯颜有功，私自在京城附近开酒馆、糟坊，派人去南方贩卖食盐。脱脱恐遭非议，祸及自身，暗中让人向元顺帝告了一状，上任仅半年的马札儿台被迫辞职。至元六年（公元1340年）3月，元顺帝任命脱脱为中书右丞相。元顺帝决定任用脱脱进行改革，废除伯颜旧政，重振祖宗大业，大有恢复元朝盛世的向慕之志。

至正元年（公元1341年），元顺帝恢复了中断六年的科举取士制度，亲试进士七十八人，以笼络汉族士大夫，同时大兴国子监，选名儒雅士传授儒学。他下诏将四个素有声望的儒士欧阳玄、李好文、黄潜、许有壬召进宫内，让他们五日进讲一次，帮助他读四书五经，练习书法。为了表达对儒学正统思想的尊崇，至正二年（公元1342年），元顺帝派人到曲阜祭祀孔庙，第二年，下诏编修辽、金、宋三史，命脱脱为都总监官，许多汉人文士参加了编纂，形成了元顺帝新政中"文治"的重要内容。

元顺帝任用脱脱废除旧政、改革弊政，取得了很大的成功，脱脱因而也获得了"贤相"的美誉，可是没过多久。朝中形势发生微妙的变化。中书左丞别儿怯不花是元成宗时逆臣阿忽台的儿子，素与脱脱不和。他上台后，多次在元顺帝面前说脱脱的坏话，元顺帝本人也觉得脱脱权势太重，恐怕他走上伯颜独揽大权的老路，渐渐疏远脱脱。

至正四年（公元1344年），脱脱被迫称疾家居，辞去相位。这时候，元顺帝尚存励精图治之心，任用成吉思汗四杰之一博尔术四代孙阿鲁图为中书右丞相。

至正五年（公元1345年）10月，遣使巡行天下，意在广布圣德，询民疾苦，寻访贤能，罢黜地方贪官污吏，规定有罪者四品以上停职，五品以下处决。可是奉命巡行各省的宣抚使不仅不按皇帝旨意秉公办事，反而借此机会敲诈勒索，虐害百姓。元顺帝的一番苦心全成了泡影。

## ◎ 救命稻草

脱脱罢相后的几年中，右丞相一职数易其主，朝中大臣彼此倾轧，日甚一日，元顺帝的向慕之志渐渐消失。至正七年（公元1347年）6月，他听信别儿怯不花谗言，罢免太师马札儿台，将他徙于西宁州，后又移居甘肃。脱脱忧郁不得志，请求随父同行，以尽孝道。

先前，太子爱猷识里达腊降生后，一直养于脱脱家中，因而二皇后奇氏与脱脱关系甚密。在脱脱罢相的日子里，奇氏一再在元顺帝面前为他求情，元顺帝自己也觉得，脱脱任中书右丞相的四年中为他出尽气力，其后任命的丞相远不如脱脱精明能干。

一天，有人进献佛郎国马，元顺帝看着膘肥体壮的良马，感慨地说："人中有脱脱，马中有佛郎国马，都是世上出类拔萃的。"

不出半年，马札儿台病亡，奇氏得知后，立即对元顺帝说："脱脱是好人，不能让他久居外地。"

元顺帝点头赞同，下诏命脱脱回京。

脱脱到京后，元顺帝任命他为太傅，综理后宫事务，至正九年（公元1349年）7月，复命脱脱为右丞相。

## ◎ "米价贵似珠"

元顺帝再一次起用脱脱后，把一切大权交付与他，自以为高枕无忧。而实际上，这时的元朝仿佛人到暮年，虚弱无力，几乎达到了无可整顿的地步。元顺帝开始深居宫中，与嫔妃嬉游玩乐，不理朝政，对国内形势茫然无知，前几年的"向慕之志"、图治之心早已消失殆尽。

脱脱复相后，虽有一番抱负，却无从施展，而且他犯了一个严重错误。上台后，他

青卞隐居图

蒙古宫廷

在各官署安插自己的亲信，将以前与自己结冤的官员——贬黜，逐渐专横跋扈起来，为此得罪了一些皇帝近侍官员。朝中大臣为争权夺利，结党拉派；地方官员则互相勾结，鱼肉百姓。

元顺帝为了笼络人心，对贵族、官僚滥行赏赐，挥霍无度，造成国库入不敷出。脱脱复相后，元廷财政十分拮据，于至正十年（公元1350年）发行了一种新的纸币，叫"至正宝钞"，用它来代替流通已久的"中统宝钞"和"至元宝钞"。为了搜括民脂民膏，政府拼命印造这种纸币，物价一下子暴涨十倍，老百姓来不及倒换新钞，只好以货易货，全国出现"米价贵似珠"的局面，搞得民不聊生，怨声载道。

从至正四年（公元1344年）开始，黄河接连在白茅堤、金堤决口，河水暴溢。河南、山东、安徽、江苏等沿河地区受灾，有的地方水深达两丈左右。接着又发生旱灾和瘟疫。灾区人民死了一半。山东地方的盐场也被洪水冲毁，直接影响了政府的收入。

至正十一年（公元1351年）4月，脱脱决定修治黄河，他任命贾鲁为工部尚书兼河防使，征发黄河沿岸十五万民工和庐州（今合肥市）两万戍卒充当劳役，人们在监工的皮鞭下出苦力，衣不蔽体，食不果腹，怨恨、愤怒的气氛笼罩着治河工地，终于引发了"红巾军"起义。

元顺帝调了几千名官兵前往镇压起义军，元军开赴前线后，主帅只顾饮酒作乐，士兵们则乘机抢掠，与红巾军刚一交战，主帅扬鞭高喊："阿卜！阿卜！"（快跑！快跑）回马便逃，元军不战而败。

## 脱脱自误

脱脱这时候变得奸诈狡黠，他不仅向元顺帝隐瞒事情真相，而且每当朝中商讨军事，他一概不让汉人官员参与。

这时候，红巾军迅速发展，各地纷纷响应，以致义军遍布大江南北。后来，红巾军形成两大分支。

北方红巾军以刘福通、郭子兴等人的队伍为主，南方红巾军由彭莹玉、徐寿辉等人发动和领导。至正十一年（公元1351年）10月，南方红巾军攻占蕲水（今湖北浠水），徐寿辉称帝，建国号为"天完"，"天完"就是压倒"大元"的意思，其势力逐渐发展到两湖、安徽、江浙、福建、广西等地。

脱脱见带兵镇压义军的弟弟吃了败仗，怕皇帝知道了怪罪下来，于己不利，所以不在皇帝面前提及红巾军起兵之事。可是纸里包不住火，一个名叫哈麻的近侍官员向元顺帝告了脱脱一状。元顺帝闻知天下大乱，而自己还蒙在鼓里，急忙召见脱脱，气愤地责备他说："你曾说天下太平无事。现在红巾军遍及半个国土，你丞相有什么计策对付？"脱脱吓得瑟瑟发抖。

## ⊛ 一代贤相终有已时

脱脱膺命出兵高邮以后，哈麻凭着三寸不烂之舌，博得了元顺帝的信任，做了中书平章政事，弟弟雪雪也任了高官。

之后，哈麻告诉奇氏和爱猷识里达腊说，脱脱与其弟也先帖木儿拖延立嗣，有不轨之举。其实，在至正十三年（公元1353年）6月，元顺帝已立爱猷识里达腊为皇太子，哈麻此举别具用心，奇氏和爱猷识里达腊心领神会，指使监察御史三次上奏元顺帝，指责脱脱出师三个月，空耗大量人力财力，毫无战功可言，请求罢免脱脱。

元顺帝听信了该言，派使臣急赴军中下诏，以脱脱"劳师耗财，坐视寇盗"为借口，削除他的军权和官爵，将他贬居淮安（路治在今江苏淮安县），改派河南行省、左丞相太不花、中书平章月阔察儿、知枢密院事雪雪代替脱脱任前线指挥。

消息传开，军心大乱，脱脱的心腹龚伯遂对脱脱说："将在外，君命有所不受！"劝他不奉圣旨，待攻下高邮，小人谗言自会大白于天下。脱脱摇了摇头，说："天子诏我而我不从，这是与天子作对，君臣之分何在？"说完，骑马向北奔去，百万大军失去主帅，顿时溃散，使走投无路的红巾军抓住战机，反败为胜。

至正十五年（公元1355年）3月，元顺帝再下诏书，将脱脱流放到云南大理，其弟也先帖木儿流放于四川，脱脱的两个儿子也因此受到牵连，分别被放逐兰州、肃州。是年12月，哈麻假托元顺帝之命，派人毒死了脱脱。

元顺帝不辨是非，临阵易帅，使元朝军队功亏一篑，从此，元朝失去了原有的军事优势，而高邮之战却成为元末农民起义由衰入盛的转折点。

# 落日帝国

元朝，这个强盛的、征服过几乎整个亚欧大陆的超级帝国也走上了一条衰亡的不归路。

## 剥削加重

随着蒙古族统治者封建化程度的逐步加深，他们利用土地的剥削也日益加重。如武宗时一个蒙古大臣占江南田一千二百三十顷，每年收租五十万石，平均每亩收租高达四石。利之所在，贵族们都趋之若鹜，他们往往采取包税制形式，争着承包官田，然后分租给佃户耕种，从中进行剥削。南方汉族地主对佃户的剥削，和蒙古贵族相比也毫不逊色。南宋亡后，元世祖有意识地把江南地主经济保全下来，因而江南地主对农民一直没有放松过控制和剥削。他们任意奴役佃客家属，干预"佃客男女婚姻"，甚至将佃客随田买卖。

沉重的徭役也集中在贫苦劳动者身上。据记载，当时"浙右病于徭役，民充坊里正者皆破其家"。在赋税和徭役的双重盘剥下，广大劳动人民一遇灾荒，就只能流亡了。列为一二等的蒙古、色目人中的广大下层劳动者，同样遭受残酷的封建奴役和压榨。沉重的赋税、军役和站役，加上大封建主之间频繁的内讧和战争，官吏们的贪暴以及自然灾害的袭击，使脆弱的蒙古、色目劳动者个体经济受到严重摧残，不断破产。关于蒙古人被卖给色目、汉人、南人为奴婢的记载，也是史不绝书。至治二年（公元1322年），元政府为了收容赎回被卖为奴的蒙古子女，成立了宗仁卫。到公元1323年正月，仅这一处收容的人数就"额足万户"。

国公郭子兴

舆初从濠阳工郭子兴甘录庵下太祖在嫂馆舆媂心焉後累功授管军随管

進兵军元帅友谅遣户月於郵陽以火攻計皆舆所

郭子兴像

## 统治腐朽

元朝统治集团的骄奢淫逸，在其后期是十

分惊人的。每一新帝即位，赏赐贵族们的金银钞币，都在数百万锭以上，田地的赐予也动辄千顷。如顺帝赐丞相伯颜田地，一次就达五千顷。他还花费大量财物于迷信活动，挥霍浪费，国库为之枯竭。当时各级官吏都贪污勒索，巧立名目。如有拜见钱、撒花钱、追节钱、生日钱等。政府卖官鬻爵，高下有价。到了后期，就更加腐败了。

元顺帝的宠妃

至正十年（公元1350年）由于国库空虚，开始发行至正钞，用来代替早已通行的中统钞和至元钞。这种不计后果的办法，当时人称为"钞买钞"。恶性通货膨胀，引起物价飞涨，社会经济陷入严重的危机。随着政治上的腐朽，各个政治集团之间的火并也经常发生。元朝的统治已面临崩溃的边缘。

## 🌀 红巾军大起义

韩山童的祖父，原来就是北方白莲教的一个领袖人物。到了韩山童时，白莲教在教义宣传、群众基础、政治斗争目标上都有了很大的发展。韩山童以白莲教主的身份宣称："明王出世"即"弥勒佛下生"。"明王""弥勒"是当时人民幻想中的救世主，只要明王出世、弥勒下生，人民就可以翻身。这一通俗、简明的号召，有力地吸引了当时陷于贫困绝境的农民。至正四年（公元1344年）黄河在白茅堤（山东曹县境）决口，溢入运河，又淹了沿河的盐场。至正十一年（公元1351年）4月，元政府令贾鲁为工部尚书，总治河防使，征发汴梁（今开封）、大名（今河北大名南）等黄河南北十三路十五万民工及庐州（今合肥）等地两万多军队到河上服役。河工们原来就是贫苦遭灾的饥民，被强征为河工后，又被迫在军队监视下劳

银镜架

动，越发产生不满的情绪。活动在永年、颍州（安徽阜阳）一带的韩山童、刘福通等人决定利用这一个时机，发动起义。

## 石人造反

韩山童、刘福通等人宣传"弥勒佛下生""明王出世"，同时散布一首民谣："石人一只眼，挑动黄河天下反！"并暗地里凿了一个独眼石人，在其背上刻了"莫道石人一只眼，此物一出天下反"几个字，埋在即将开工的黄陵冈（今河南兰考东）河道上。当河工们掘出独眼石人后，奔走呼告，人心浮动。起义的条件日益成熟。

公元1351年5月，韩山童、刘福通等人在颍州颍上县的白鹿庄聚集了三千多教徒，打出"虎贲三千，直抵幽燕之地；龙飞九五，重开大宋之天"的旗帜，宣誓起义。但立即遭到元地方政权的镇压，刘福通冲出包围后，重新组织起义力量，一举占领了颍州。义军头裹红巾，人称"红巾军"。

刘福通在颍州起义成功后，南北各地的白莲教徒纷纷起兵响应。随着各地的紧急情报纷至沓来，元朝统治者们已经感到自己的龙椅坐不稳了。

# 元末大混乱

农民起义军的各自为政造成了天下混乱的局面。

## ◎ 方国珍与张士诚

元末大起义开始以后，经过优胜劣汰，留下了可成霸业的几支，初期最著名的是公元1348年起兵于浙东的方国珍和公元1353年起兵于高邮的张士诚。方国珍是浙江黄岩人，"世以贩盐浮海为业"。至正初年，方国珍的仇人向官府告发方国珍私通海盗、坐地分赃。方国珍杀了仇人，带领家属和邻里逃命到海中，集结了数千人，屡败元军，并占据庆元、台州、温州等沿海地区，成为元末拥军割据势力，称雄浙东二十年。张士诚，泰州白驹场人（今属江苏东台），出身亭户，"以操舟运盐为业"。因受富户及弓兵们的欺侮，愤而与弟士义、士德、士信等谋，举兵反元。在攻克高邮后，以高邮为都城，国号大周，自称诚王，建元天祐。公元1354年，元丞相脱脱率百万大军围高邮，因被右丞哈麻所劾，削职远徙，元军大乱。张士诚乘机反攻，取得高邮战役的重大胜利。公元1356年张士诚南下，据有平江（苏州）、湖州、杭州等地区，迁都平江。

## ◎ 红巾军北伐

至正十五年(公元1355年）2月，刘福通将韩山童的儿子韩林儿从砀山夹河迎至亳州称帝，国号大宋，改元龙凤。又利用"明王出世"的宣传效果，称韩林儿为"小明王"。中原各地的红巾军一时都接受了大宋政权的领导。

至正十七年（公元1357年），刘福通作出重大战略决策，分兵三路北伐：东路军以占领山东的毛贵为主力，直插河北，指向元京城大都，中路军由关先生（关铎）、破头潘（潘诚）为统帅，绕道山西，转攻河北，形成对大都的迂回包围；为了分散元军对东路和中路的压力，又组织了西路军作策应，由白不信、李喜喜、李武、崔德等经潼关和武关入陕西。

由毛贵率领的东路军，曾一度进攻到离大都不过百多里的枣林（今北京通县西南）和柳林等地。但由于孤军深入，被元军所败，毛贵最后撤回济南，东路军北伐失败了。

雨后空林图

## ⊙ 刘福通被杀

中路军占领了大同、上都等重要城市，大大动摇了元朝腐朽的统治，又转战辽东各地，直入高丽。西路军在陕西受到挫折。公元1358年，一部分红巾军进入四川，一部分红巾军攻占了甘肃、宁夏等地。

红巾军三路进军的同时，刘福通也于公元1358年5月攻占汴梁，把韩林儿从安丰（今安徽寿县）迁来，宣布以汴梁为首都，出现了北方红巾军全盛的时代。当北伐各路失利之时，宋都汴梁也受到元军的围攻。公元1359年8月，元朝察罕帖木儿部攻下了汴梁，韩林儿、刘福通撤退到安丰。公元1363年2月，张士诚部下大将吕珍乘机围安丰，刘福通被杀害。朱元璋解安丰围后，迎韩林儿到滁州居住。公元1366年12月，朱元璋派廖永忠迎接韩林儿到应天，在瓜步（今江苏六合东南）渡江时船沉，韩林儿淹死，以龙凤纪年的宋政权至此结束。

## 🌀 朱元璋的强大

公元1352年2月，定远土豪郭子兴起义于濠州，自称红军。闰三月，出身贫苦、曾为游方僧的朱元璋也参加到这支队伍中来。公元1355年郭子兴死，朱元璋掌握了这支军队的实际领导权，并归大宋政权统辖。公元1355年6月，朱元璋南渡长江，夺取了太平路（今安徽当涂）一带大片地区。次年3月，他又亲率水陆大军攻克集庆路（今南京），改名应天府。他以应天为根据地，逐渐发展壮大，成为当时起义军中的一支劲旅。攻下集庆前后，朱元璋对封建士人逐步采取了优容的态度，以李善长为帅府都事，汪广洋为帅府令史，陶安为令史。攻取集庆的策略就是陶安和冯国用等人建议的。元池州学正朱升还向朱元璋提出"高筑墙、广积粮、缓称王"的策略。后来刘基、宋濂等儒士也得到朱元璋的特别重用，这是他取得成功的重要原因。在农业生产上他开始设置营田司，又令将士屯田，"且耕且战"，"及时开垦，以收地利"，保证军粮供应，恢复社会生产。

## 🌀 兼并豪杰

公元1358年12月，朱元璋亲自统率十万大军包围了婺州，元守将开城迎降。朱元璋在婺州置中书浙东行省。接着朱元璋的浙东驻军，先后占领了诸暨、衢州和处州（今浙江丽水）。东南一带被孤立的元军据点次第消灭。这时朱元璋的占领地区东北邻张士诚，西邻陈友谅，东南邻方国珍，南邻陈友定。

公元1360年闰五月，陈友谅勾结张士诚，准备顺流而下东西夹击朱元璋的根据地应天府。朱元璋采纳了刘基的主张，设好埋伏，打败了陈友谅。张士诚慑于形势，未敢出动。

公元1363年，陈友谅竭尽全力，企图与朱元璋决一胜负，因而

🌸 青花高足碗

爆发了著名的鄱阳湖水战。当时陈友谅拥兵60万，大舰数十艘，而朱元璋只有二十万人，用小船。朱元璋采用火攻，把陈友谅用铁索连在一起的大舰焚毁了不少。激战的结果，陈友谅中流矢丧命，其子陈理突围奔回武昌，朱元璋取得全胜。公元1364年，朱元璋又亲率大军征武昌，陈理请降，陈友谅的割据政权灭亡。

朱元璋在收拾了陈友谅之后，回师东进。公元1365年，他派遣徐达为大将军，先攻取高邮、淮安，又攻占湖州、杭州。到公元1367年9月攻克平江（今苏州），张士诚被俘送应天，自缢。

公元1357年，朱元璋遣兵调将，分三路进讨方国珍，从陆上海上对方国珍形成了一个大包围。方国珍计穷势屈，不得不投降。

## ◎ 明朝的建立

在当时的历史条件下，朱元璋建立起来的政权只能维持原来的生产关系，在社会改革上他所能做到的仅是"旧政有不便者，吾为汝除之"。这样做的结果，在他的文武官员中培植了一批新的封建地租剥削者，随着政治地位的变化，这些领导成员也就变成拥有众多庄田佃户的封建地主了。公元1364年正月，朱元璋即吴王位，设置百官，建立了一整套封建统治机构。

吴元年（公元1367年12月），朱元璋正式即皇帝位。第二年即公元1368年正月，改元洪武，定国号为明，以应天府为京师，开始了明朝的历史。

# 元朝的灭亡

朱元璋的军队一天比一天壮大，元朝的日子一天也比一天难过。

## 朱元璋的南征

朱元璋平定福建的陈友定后，占据广东的地方武装何真向朱元璋求降。这时南方只有西南一隅尚未统一。

公元1366年，割据四川的明玉珍死，子明升即位。政权一直苟延到洪武四年（公元1372年），在大军压境的形势下，才降附了明朝。

朱元璋于洪武十四年（公元1381年）命傅友德、沐英、蓝玉率三十万大军进攻云南。元朝梁王逃到晋宁自杀。第二年蓝玉、沐英攻下大理，云南最后被平定。至此，朱元璋基本上统一了南方。

## 策划废帝

奇氏与皇太子见政局动荡，元顺帝听任朝臣倾轧，便加紧行动步伐，打算联合太平逼迫元顺帝逊位与爱猷识里达腊，但太平严辞拒绝。至正十九年（公元1359年）12月，爱猷识里达腊命令监察御史买住等人劾奏太平提拔的汉人官员中书左丞成遵和参政赵中，将二人杖杀狱中，借此中伤太平。

太平见势不可留，只得上奏元顺帝，以患病为由，请求辞去相位，大臣们立即呼吁，要求皇帝留用太平，元顺帝慑于奇氏和皇太子咄咄逼人之势，被迫罢免太平。由于得不到支持，爱猷识里达腊逼父逊位未能如愿。

至正二十三年（公元1363年），爱猷识里达腊与母亲奇氏加紧了策划逼父禅位的阴谋，掌握大权的搠思监和朴不花则密切配合，拉拢

朱元璋坐像

朝中大臣，将军政大事全都压下不让元顺帝闻知。至正二十四年（公元1364年）3月，爱猷识里达腊、搠思监、朴不花指责孛罗帖木儿与老的沙图谋不轨，要求皇帝驱逐孛罗帖木儿。孤立无援的元顺帝不得不听命于皇太子，下诏削除孛罗帖木儿兵权和官爵，贬居四川。

宗王不颜帖木儿、秃坚帖木儿愤愤不平，并上书元顺帝，为孛罗帖木儿申辩。妥欢帖木儿感到孛罗帖木儿忠于自己，是他与皇太子一方抗衡的重要砝码，于是复下诏书，历数搠思监、朴不花恣意弄权、欺下蒙上等罪状，将搠思监流放岭北，朴不花流放甘肃，恢复孛罗帖木儿官职。

然而，此时皇太子一方的势力已跃居元顺帝之上。所以，诏书虽下，搠思监、朴不花二人权未解、职未卸，照常在朝中掌权。

## 🌀 自乱阵脚

至正二十三年（公元1363年）4月，元顺帝再次屈从于皇太子，下诏命扩廓帖木儿统兵进讨孛罗帖木儿。一个月后，爱猷识里达腊再次逼迫元顺帝下令扩廓帖木儿进讨孛罗帖木儿。扩廓帖木儿分兵三路，一路由部将白琐住率领开赴京城御守，另外两路军队进逼孛罗帖木儿驻守的大同。

孛罗帖木儿怒杀搠思监、朴不花二人，留下一部分军队守卫大同，他自己则带着秃坚帖木儿、老的沙，率领主力大军直捣大都，扬言要尽除朝中奸臣。京城大震，爱猷识里达腊亲自率领军队迎战，结果大败而回，在白琐住军队的护卫下匆匆逃往太原扩廓帖木儿军中。孛罗帖木儿拥兵入城，偕同秃坚帖木儿、老的沙面见元顺帝。元顺帝当即任命孛罗帖木儿为中书左丞相，老的沙为中书平章政事，秃坚贴木儿为御史大夫。不久，又提升孛罗帖木儿为中书右丞相，节制天下军马，总揽国家大权。

孛罗帖木儿上任后，立即杀了元顺帝宠幸的"倚纳"和近臣，驱逐西藏僧人，幽禁奇氏。至正二十五年（公元1365年）3月，爱猷识里达腊下令扩廓帖木儿与李思齐出兵声讨，并调遣岭北、甘肃、辽阳、陕西等地军队增援。孛罗帖木儿派遣秃坚帖木儿率兵进讨上都皇太子同党，又调兵南下抵御扩廓帖木儿军队。这个时候，孛罗帖木儿整天与老的沙等人饮酒作乐，甚至酗酒杀人。朝臣都对他心怀恐惧，元顺帝渐渐失去了对他的信任。朝中倾轧、军阀混战，以爱猷识里达腊和扩廓帖木儿的胜利而告一段落，步步退却的元顺帝仅仅保住了皇帝宝座。

伎乐纹双人耳玉杯

## ⚫ 覆灭前的窝里斗

在这期间，朱元璋的队伍迅速崛起，直接威胁着元朝控制下的北方地区。朱元璋先后剪除群雄，声威大震，决定派兵北伐，灭亡元朝。

这时，元朝内部宫廷斗争更甚。爱猷识里达腊逃奔太原时，曾想仿效唐肃宗在灵武称帝的故事，自立为帝，扩廓帖木儿不同意。孛罗帖木儿被杀后，奇氏传旨到军中，命令扩廓帖木儿以重兵护皇太子入京，目的在于胁迫元顺帝退位。奇氏再次劝扩廓帖木儿出面逼迫元顺帝让位与皇太子，扩廓帖木儿又予以拒绝，由此得罪了奇氏母子。元顺帝本与扩廓帖木儿不和，又忌他兵权太重，朝中大臣也觉得他年纪轻、资历浅，不把他放在眼里。在军中骄纵惯了的扩廓帖木儿做了两个月的左丞相，很不得志，在京城实在呆不下去了，只好上奏元顺帝，请求外出带兵。

至正二十五年（公元1365年）闰十月，元顺帝封扩廓帖木儿为河南王，命他代皇太子总制天下军马，进讨江淮。扩廓帖木儿率大军离开大都后，不仅无意整军出战，反而借元顺帝授予他的军事大权，随意征调各路军队，引起军阀头目不满。元顺帝开始怀疑他有叛逆之心。

至正十七年（公元1367年）8月，元顺帝严厉责备皇后与皇太子，他说："过去孛罗帖木儿举兵进犯京师，而今扩廓帖木儿总兵天下，很不得利，你们母子误了我的天

江山换新颜

下。现在国家分崩离析，困难重重，都是你们母子造成的！"说完，元顺帝怒气冲冲地打了爱猷识里达腊几拳。

而后，下诏命皇太子总制天下兵马，并令扩廓帖木儿率领本军自潼关以东出兵江淮，李思齐自凤翔以西进取四川，张良弼、孔兴、脱列伯共取襄樊。

但诏书虽下，皇太子坐视不动，扩廓帖木儿及诸路军阀也都拒命不受。此时，扩廓帖木儿的部将貔高、关保见主帅不奉君命只顾打内战，便倒向朝廷一边，转过头来攻打扩廓帖木儿，得到了妥欢帖木尔的支持。

## 🌐 迎接新的王朝

至正二十八年（公元1368年）正月，朱元璋在南京称帝，建国号为明。2月，徐达率军攻占山东各地，接着回师河南，兵锋直指汴梁、洛阳，而元朝军阀内战仍在继续。这年闰七月，元顺帝见局势不妙，只好再恢复扩廓帖木儿河南王和中书左丞相的职务，让他率军南下，幻想依靠他挽回败局。这时，明军已经会师山东临清，直趋大都。

至正二十八年（公元1368年）闰七月28日，徐达率领明军攻陷通州，元顺帝闻知，不顾大臣们的再三劝阻，决意出逃。当晚，元顺帝率同后妃、太子和一些大臣，打开健德门逃出大都，经居庸关，奔向上都。

8月2日，徐达率军攻入大都。至此，统治了九十七年的元朝政权宣告结束。明洪武三年（公元1370年）4月，做了三十五年皇帝的元顺帝因痢疾死于应昌（今内蒙古达里诺尔西南）。其子爱猷识里达腊继位，携残部退到塞外和林一带，史称北元。

到洪武二十年（公元1387年），占据辽东的纳哈出归降明朝，朱元璋前后用了三十多年才完成了全国的统一。

## 🌐 起义带来的重大意义

元末农民起义前后历时十七年，是继唐末黄巢起义之后的又一次全国性的大规模农民起义，在我国历史上占有重要的地位。从北宋以来，长期积累的土地兼并和土地集中问题，经过这次大起义之后，才算获得了一次较大幅度的调整和缓和，从而促进了社会生产力的发展，使明初的"移民垦荒"成为可能。明初土地关系之所以能获得一定程度的缓和，正是元末农民战争之赐。

其次，在这次大起义中，大批奴隶得到了解放。奴隶在斗争中获得解放的事实，具有普遍意义。《大明律》规定："庶民之家，存养奴婢者，杖一百，即放为良。"这说明农民起义中奴隶身份获得解放的事实，在法律上得到了进一步的肯定。

最后，元末农民起义在当时世界历史上也是一件大事。成吉思汗及子孙们曾在中亚和东欧建立了钦察汗国、伊利汗国，元朝名义上是这些汗国的共主。元朝的崩溃覆灭，客观上起了牵制蒙古统治者镇压各国人民的作用，支援了各国人民反抗蒙古贵族统治的斗争。

## 图书在版编目（CIP）数据

讲给孩子听的中国历史故事 . 辽西夏金元 / 益博轩编著 .
-- 北京 : 北京联合出版公司，2015.1（2021.4 重印）

ISBN 978-7-5502-3615-8

I. ①讲…II. ①益…Ⅲ . ①中国历史 – 辽宋金元时
代 – 少年读物②中国历史 – 西夏 – 少年读物 IV. ① K209

中国版本图书馆 CIP 数据核字 (2014) 第 250837 号

## 讲给孩子听的中国历史故事 . 辽西夏金元

选题策划：益博轩

编　　著：益博轩

责任编辑：孙志文

北京联合出版公司出版
（北京市西城区德外大街83号楼9层　　100088）
三河市兴博印务有限公司印刷　新华书店经销
字数150千字　880毫米×1230毫米　1/16　13印张
2015年1月第1版　2021年4月第4次印刷
ISBN 978-7-5502-3615-8
定价：29.80元